いつからでも、才能は伸ばせる！

東京大学に3人の子どもを入れた

強い脳をつくる育て方

学習塾・スクールオーク代表
高木美保

自由国民社

はじめに

この本を手に取ってくださって、ありがとうございます。
私は石川県金沢市在住のシングルマザー。１人で学習塾「スクールオーク」を営み、「お金ナシ、シングルマザー、地方在住」の「３ナシ状態」で３人の子どもを育て、その３人ともが東大へ進学しました。
「子ども３人ともが東大！　しかもお金がないシングルマザーで地方からどうやって東大に？」と思われたのではないでしょうか。

実際、東大の志願者の出身校は、例年3分の1強を東京在住者が占め、東京を除く関東が約4分の1です。地方と東京の教育環境の格差がありますので、地方から東大へ進学するのは、ハードルが高いと言えます。また、東大学生委員会が２０２1年3月に実施した学生生活実態調査によると、「東大生を支える世帯収入」が１０５０万円以上と答えた学生は42・５％でした。つまり東大進学者は、東京在住で情報がたくさんあり、教育に十分にお金がかけられる家庭出身者の割合が高いのです。

そんな関東圏の富裕層出身者が多い東大に、いわば「人生の一発逆転」をかけて、貧乏だった我が家の子達は、自ら進路を選び、未来を切り開こうとして東大進学を決め、突き進んでいきました。


シングルになった原因は、夫の浮気でした。「子どものために彼女と別れてほしい」と、土下座までして懇願しましたが「家族を捨てても彼女とは別れない」と夫に言われ、やむを得ず3人の子を連れて家を出たのです。当時子ども達は、8歳・2歳・0歳でした。夫婦2人でも、働きながら3人の子育てをするのは大変なのに、いったいどうやって生活していたのか、今振り返ると自分でも不思議です。離婚はとても辛くてしんどいものでしたが、「子どもを取られるわけではない、この子達といられるなら何だってする」と必死で子どもを守り、育てました。「火事場のバカ力」といいますが、3人の子どものために無我夢中でした。

もっとも苦労したのは、やはりお金のことです。解決金（いわゆる慰謝料）は1年も調停をしたにもかかわらず、わずか100万円。養育費の振り込みも初めだけで、ほとんどないに等しい状態でした。離婚当時は小学校の非常勤講師をしていましたが月12万ほどしか収入がなく、常にお金の心配が絶えない生活をおくっていました。

このようにお金がなく、相談できるパートナーもおらず、地方在住というハンディしかない中、なんと子ども達は3人とも東大に入ったのです。

高学歴だけが良いことではないことは十分にわかっていますが、それでも日本では学歴がまだまだ「切り札」になります。その中でも「東大」というカードは、自分が行きたい世界に行くための、夢を叶えるための「切り札」になるのではないかと思います。お金持ちでなくても、東京に住んでいなくても、日頃の生活で少し視点を変えたり気を付けたり、取り組んでいくことの積み重ねで、東大という「強力な切り札」を手に入れることができるかもしれない。自らの力で未来を拓いていってほしい。それが、この本を書いて皆さんにお伝えしたいと思った1番の思いです。

長男は現役で東大文一に、次男は高専から東大工学部へ編入、長女は1浪して東大文一へ。兄弟といっても、性格も考え方も違えば、受験環境も勉強法もそれぞれ違いました。それも含め、お金のことなども包み隠さずにお伝えするのが本書です。

もしあなたが、「うちは、お金がないから」「地方に住んでいるから」「シングル親だから」と、子ども達の進学をあきらめかけているとしたら、ぜひこの本を最後まで読んでいただきたいと思います。どんなことに気をつけたら子どもの学力が伸びるのか、私の経験を含めて色々お話ししています。しかも、そのすべてが、お金をかけずに、暮らしの中のちょっとした工夫や取り組みでできることばかりなのです。

もちろん、お金がある東京在住の方にとっても、日常生活の中で使えるヒントをたくさん書きました。子育て中の方であれば子育てのヒントに、ご自身が学生さんであれば勉強していく上でのヒントに、きっとなるはずです。


今の状況がどうであれ、自分の意思や取り組み方で、未来は変えることができます。若い人達は、今の状況で未来をあきらめないで、先を見すえて自らの力で望む将来をもぎ取っていってほしい。この本はその手助けに、きっとなると思います。

また、子どもの未来は保護者次第で大きくかわります。

だからこそ保護者の方にもこの本を読んでいただき、1つでも実践していただけたら、と思います。


様々な困難を抱えている人、子育てに悩んでいる人、夢をあきらめかけている人、現状を変えたいと思っている人、へのエールをこめて書きました。この本が、どのような状況にある人にとっても、未来を切り拓いていく一助になれば幸いです。

目次

第1章

東大という「強力な切り札」を手に入れよう。

第2章

国語力が、合否を決める。

第3章

論語は、強い脳をつくる最強教材。

第4章

お金をかけずに学ぼう。

第5章

小さなことの積み重ねが、大きな差になる。

第6章

東大卒業まで知りたいお金の話。

第7章

東大への道は、保護者の意識次第。

第1章

東大という「強力な切り札」を手に入れよう。

なぜ、うちの子が東大に？
3ナシ状態から世界を広げる

我が家は、決して裕福な家庭ではありませんでした。よく「東大生の家庭は所得が高い」と言われますが、むしろ「低い」方でした。さらに、「シングルマザー」で「地方在住」と、とにかく一般的な東大を目指すご家庭と比べるとにかくハンディだらけ。まさにマイナス要素満載です。

それでも、今振り返ると、「もしかしたら、あれが良かったのかな」と思い当たることがあります。それは、私自身が学習塾を長年経営していることもありますが、日常生活でのこともたくさんあったのです。東大に興味がある方のために、私自身の経験や考え方を、我が家の例を交えながら、少しずつお話ししていきたいと思います。

実は私は、わが子達が小さい頃から東大生になるまで、「勉強しなさい」と言ったことはありません。学習塾を営んでいるにもかかわらず、「勉強しなさい」と言うのが、苦手なの

です。それは強制されてイヤイヤやることは、楽しくないしあまり身につかないと思っているからです。仕事上、仕方なく生徒達に「やりなさい」と言うことはあります。ですが、本当は「勉強しなさい」と言うのが嫌いだとうちの生徒達も知っています。

わが子達に幼い頃から言ってきたのは、次のことだけです。「うちは母子家庭でお金がないから、もし勉強したくて大学に行きたいなら国立大学に行ってね。私立大学の学費は出せないからね。勉強が嫌いなら、無理に勉強しなくていいよ。高校を卒業したら働けばいいからね」本当に、これだけです。東大をめざせと言ったことは、もちろんありません。そもそも、長男が小学生の頃は、「うちの子達が大学に行くとしたら、地方国立大学だな」くらいにしか思っていなかったのです。まさか「うちの子が東大に行く」などとは、夢にも思っていませんでした。

この後お話ししていきますが、①経済的な苦労、②いじめ、③離婚、があって、わが子達は色々辛い思いをしてきました。ですから、子ども時代のどこかの段階で子どもなりに、「勉強すれば世界が広がり、人生を変えられる」と、ぼんやりと感じたのではないのかなあと、それが東大だったのかなあ、と思います。

もう少し詳しく、我が家の家庭事情を順にお話ししましょう。

①経済的な苦労

まず、いつもお金の苦労をしていました。離婚したばかりの頃は、小学校の非常勤講師をしていたのですが、時間給で収入は1カ月12万円前後、当時は市営住宅に住んでいました。公営住宅は収入に応じて家賃が決まります。我が家は、収入が少ない上に3人子どもがいましたので、最低ランクの安い家賃でした。

家賃だけでなく、保育料や国民健康保険も収入に応じて金額が決まります。保育料も最低ランクの金額でしたので、とても助かりました。夫婦ともに医師の友人は「保育料が高い」と、よくぼやいていましたが、収入に応じて保育料が決まるシステムでなかったら、私は子どもを保育園に預けて働くことができなかったでしょう。

低所得なら、公的補助をフル活用

さらに助かったのが「病児保育」の助成金です。乳幼児の頃は、病院へ行かない月はありませんでした。小児科・耳鼻科・皮膚科。「手足口病だ」「プール熱だ」「中耳炎だ」誰か彼かが、何かしら不調になってしまうのです。熱を出すことは日常茶飯事で、私が勤務していた小学校にも、たびたび保育園から「熱が出たからお迎えに来てください」という電話がかかってきました。あまりに頻繁に電話が来るので、事務の方が保育園の名前とわが子達の名前を覚えて、保育園から電話があると「ふうちゃんですか、さっちゃんですか」と聞いてくださるほどでした。

時間給の非常勤講師でしたので、有給休暇はありません。休めば休んだ分だけ収入が減ってしまいます。また「子どもの病気でしょっちゅう休んでいたら、次の年に講師として雇ってもらえないかもしれない」という不安から、子どもが病気をしたからといって、簡単に休むわけにはいきませんでした。

そんなシングルママの強い味方が「病児保育」です。かかりつけの小児科で診察を受けると、病院内にある「病児保育」に預けることができるのです。ただし定員が10名なので、夜、子どもが熱を出すと、翌日「病児保育」を受けられるかどうか、毎回ドキドキでした。開院前に病院の駐車場に行き、車で待機して1番で診察を受けたものです。この病児保育、1日2000円なのですが、申請すると無料になります。本当に助かりました。国民年金も国民健康保険も減免されるよう申請しました。

ですが、ここでお伝えしたいことは、自分で調べて申請しないと減免や助成を受けられないことが多い、という事実です。該当する方は手間を惜しまず調べてください。役所は、こちらから聞かないと教えてくれませんから。

貯蓄など一切できず、親子4人でその日暮らしのような生活でした。ですから、わが子達は、やりたいことをあきらめたり、欲しいものが買ってもらえなかったりと我慢の連続だったと思います。

ちょっと辛かったクリスマス

今でも忘れられないのが、離婚した年のクリスマスプレゼントです。小3の長男の欲しがっていたゲームソフトを、新品は買えないので中古で購入し枕元に。値札か何かを外し忘れた私がいけないのですが、中古であることを目ざとく見つけた長男は「へえ、サンタさんって、意外とケチなんだね」と言いました。冷や汗が出る思いでした。

小学生の頃の次男は、「自分の子どもには、欲しいものは何でも買ってあげたいし、サッカーとか好きなことを習わせたい」と、よく言っていました。

あの頃の子ども達は、「お金に苦労しない生活をしたい」と強く願っていたと思います。

②いじめ

今となっては信じ難いのですが、実は長男は小1の頃、いじめられっ子でした。

彼は当時、信州大学附属小学校に通っていました。が、附属小受験は親の意思や希望ではありませんでした。近所に住んでいた1つ上の仲良しのお友達が、附属小学校に通っていたため、「その学校に行きたい」と長男が言い出したのです。同校は、地域の小学校の近くにあり、徒歩通学できる距離でしたが、私は「附属小に入れたい」などとはみじんも思っていませんでした。くじ運が悪く当たったためしがないので「外れるだろうな」と軽い気持ちで受験したのです。ですがなぜか不思議と、その時だけは抽選で当たったのです。

知らぬが仏から、始まった

親子ともども「附属学園」というところの何も知らないまま、入学してしまいました。

附属小学校は、信州大学附属病院の近くにあったこともあり、医師の家庭が多く裕福な人が多かったのです。お母様方は、しょっちゅうランチ会を開いていました。その頃、私は夫と自宅を1日中開放して、不登校やハンディキャップのある人も通ってくる塾を営んでいました。お金はなく、仕事に全ての時間を捧げていた私にとって、お母様方のランチ会は別世界でした。皆さんが高級ブランドのワンピースを着ていらっしゃる中、1人、穴のあいたジーパンをはいていた私は、お母様方とはほとんどおつきあいがありませんでした。明らかに浮いていました。

親もそうでしたし、長男もまた、馴染めないでいました。当時、気が弱くて泣き虫だった長男は、帰国子女の気の強い男の子から標的にされたようです。小学校から帰ってきては、布団をかぶって泣いていました。学級会の話し合いで「なぜT君をドッジボールに入れてあげないのか」が、議題になったほどです。

ですから離婚して金沢に引っ越し転校した当初、長男は周りの友達から嫌われないように、とても気を遣っていたようでした。幸い良い友達に恵まれ、小学校生活は楽しかったようです。

次男もいじめに

次男も静かでおとなしそうな印象のためか、小学校高学年の時、仲間からパシリのように扱われていました。仲間に持ってこいと言われたお金がなくて、妹の財布からお金を持ち出したこともありました。ちょっと悪目立ちする男子グループの「パシリ」ポジションです。ポジションがどうであれ、そのグループが起こすトラブルのことで、よく学校から呼び出されたり電話がかかってきたりしました。

そんな小学生時代だったからこそ、次男は「自分に力をつけて、いじめられない存在になりたい」という思いを抱いたのではないかと思います。

長男の時も次男の時も、親としては、子どもがいじめられて泣いている姿を見るのは、身を切られるように辛いものです。いじめる側よりはいじめられる側の方がマシ、と思いながらも……。

勉強で人生を変えてやる

彼らはこのような小学生時代を送ったため、どこかの段階で「人にバカにされたりいじめられたりしないよう、自分に力をつけよう」と思ったのかもしれません。その手段が勉強だったのかな、と思うのです。なぜなら勉強は努力した分だけ、成果が出るからです。芸事にしてもスポーツにしても、また仕事や人間関係などにおいても、なかなか「努力したら努力の分だけ結果になる」ことはないと思います。

例えば恋愛は、どんなに努力しても、好きな人から好きになってもらえるとは限りませんよね。その点勉強は、努力したらした分だけ、結果につながります。これほどわかりやすくて、結果が出るものって、そうそうないと思います。またその結果は、1つのステイタスにもなりえます。自分の努力だけで、成果をもぎ取ることができるのが、勉強だったのではないでしょうか。

転機がやってきた

そんな我が家に転機がやってきました。それは、長男の金沢大学附属中学（以後、附属中）入学でした。彼が附属中を受験したいと言い出したのは、小6の時に1番仲の良かった友人が受験をすると聞いたからです。友人が受けるから受験したいなんて、信州大学附属小学校受験の時と同じです。その友人は、中学受験のために、小4の時から大手の塾に通っていました。「友人と同じ中学に通いたいから受験したい」と長男が言うのですが、その友人と同じ塾に通わせるお金は、我が家にはありません。ですから、小6の夏頃から、私が勉強をみました。

実はその前年、私は病気になり、入院して手術を受けたのです。小学校を1カ月ほど休むとなると、講師はやめなくてはなりません。小学校は夏休みでしたが、手術の前日に「お大事に」ではなく、「講師をやめるように」と校長から電話がありました。職を失うので、離婚前に松本でやっていた個人塾を、市営住宅の一室で始めざるを得なくなったのです。長男の同級生が2人通ってくれて、3人の生徒からのスタートでした。

勉強ができたら、尊敬される世界

長男は無事、附属中学に合格しました。金沢大学附属中学も信州大学附属小学校同様、保護者の多くが医師か老舗の跡継ぎで、経済的に恵まれている人ばかりです。その中学で「就学援助」を受けていたのは、我が家くらいではないかと思います。

「就学援助」とは「経済的理由によって、就学困難と認められる学齢児童生徒の保護者に対して、市町村が必要な援助をする」もの。給食費や修学旅行、体育実技用具などの費用に補助金が出ます。この「就学援助」の案内は、公立学校では新学期に全家庭に配布されます。ですが、附属中学では案内を配布しないため「就学援助の申請用紙をください」と学校に申し出なければなりませんでした。それはつまり、附属中学では「就学援助」を受ける家庭がほとんどない、ということです。私が講師で勤めていた小学校の職員室で先生方は、就学援助を受けている家庭のことを「B級」と呼んでいました。「B級」、我が家はまさにそういう経済状態にあったわけです。

ですが、入学した附属中学は「勉強ができる」ことが尊敬されることにつながる学校でした。なぜなら先ほどお話ししましたように、保護者の多くが医師や地元の名家である学校ですから、ほとんどの家庭は経済的に余裕があります。みな、お金持ちなのですから「裕福さ」よりも「勉強ができること」に価値がおかれていたのです。

裕福さより、勉強がステイタスに

それを物語るエピソードがあります。長男が高校生の時のことです。修学旅行の迎えで駅の駐車場に車を停めました。出る時、隣の車に軽くドアが当たってしまったようでした。隣も、同じ高校でお迎えに来られたお母様で、車から降りられると、すぐに、「今、コン、と音がしましたよね？　ドア、当たりましたよね？」と、やや怒り口調で言われました。「すみません、当たってしまいましたか？　私、1年○組高木の母です。修理はどうしましょうか」と焦って答えましたら、「え、高木君のお母さんですか。それでしたら結構です、大丈夫です」と、その方は手のひらを返したように、何も言わず行ってしまわれたのです。唖然としました。怒っていたはずなのに、高木の母ならおとがめなしってどういうこと?と。

笑い話のようですが、「勉強ができること」がステイタスである学校に通っていた長男が、自ら勉強をするようになったのは、当然と言えば当然かもしれません。いじめられていた時代、経済的に厳しい状況があったからこそ、自分の新しいポジションを「勉強」によってつかもうとしていたのかもしれません。

③離婚

さらに私自身の意地もありました。

離婚の原因は元夫の浮気です。子ども達から父親がいなくなることを避けたい一心で「彼女と別れてくれたら、全てを水に流すから」と私は土下座までして懇願しました。ですが、元夫は「家族を捨てても、彼女（浮気相手）とは絶対別れない」と言いました。そこまで言われたら、どうしようもありません。他の女性のところへ通う父親の姿を、子ども達に見せたくはありませんでした。

当時小２だった長男は、「どうしても離婚しなくてはだめ？」と、３日３晩泣きました。それでも元夫は、「彼女とは別れない」と言いました。もう、なすすべがありません。しかたなく、８歳・２歳・０歳の幼な子３人を連れて、泣く泣く逃げるように金沢へ越しました。引っ越した頃、泣いてばかりいる私に「そんなに泣いていたら、金沢で新しい生活はできないよ」と、３日３晩泣いた長男は言いました。

それからは、親子で毎日とにかく必死でした。小３の長男は、食事の準備から弟と妹の世話やおむつ替えなど、本当によく手伝ってくれました。

意地と誓いの二人三脚

ある日、夕食を終えて一息ついていたら1歳になったばかりの長女がコーヒーカップに手をかけ、中の熱々のコーヒーがかかり、やけどをしてしまったのです。夜でしたのでかかりつけの小児科は閉まっています。慌てて大学病院に電話をし、痛くて大泣きしている長女を連れていきました。小3の長男に3歳になったばかりの次男を預けてです。服を脱がさずに病院に連れて行ったので、幸い皮膚ははがれずにすみましたが、やけどの跡は今でもうっすら残っています。夜の緊急外来、やけどで大泣きしている長女。家に残してきた子ども2人も心配で、あの時の不安な気持ちは今も忘れられません。

その時、「夫婦のことは色々あるし、私にも非があるのだろう。私のことをないがしろにするのは致し方がないかもしれない。でも、子どもには何の罪のない。捨てなければよかった、と後悔するくらい立派に3人を育ててみせる」と強く強く決心したのです。「あそこは母子家庭だから、子どもがあんななんだね」と人様に後ろ指をさされることのないよう、きっちり子育てをしよう、とかたく心に誓いました。

ですから挨拶や礼儀作法は、多少口うるさく言ったかもしれません。「とにかく、子育てをしっかりやろう」ということしか頭にありませんでした。

今振り返ると、このような私の意地と、子ども達の「現状を変えたい」思いがあったから、ここまで来ることができたのかもしれません。

長男は、大学進学のために東京に発つ朝、弟と妹に「俺は広告塔としての役割を果たしたから、後はお前らが頑張れ」と言い残しました。私が学習塾を営んでいるので、「塾の評判のために、子どもである自分達は頑張らねば」と本人達は思っていたのかもしれません。

このように、無我夢中で親子二人三脚で必死に生きてきた日々が、今につながっているのかなとも思います。

「東大」を身近に感じさせよう

①物理的&心理的なハードルを下げる

金沢在住の私達にとって、「東大」はとても遠い存在でした。その東大を子ども達が目指すようになった経緯をお話ししていきます。

物理的にも、心理的にも

長男が高校に入学したのは、北陸新幹線開通前です。その頃、金沢から東京まで行くには、まず1時間かけて小松空港まで移動し飛行機を使うか、金沢駅から5時間以上かけて特急と新幹線を乗り継がなければなりませんでした。ですから、東京という場所を、まず物理的に遠く感じていました。

また、長男の高校入学前は、まさかわが子が東大に行くとは思ってもいませんでしたので、心理的にも「東大」は遠い存在でした。

長男は、友人の影響から

長男は、高校に入学してから「東大」を意識するようになったようです。その理由の1つに、同じ学童保育仲間だった友人Yくんの影響があります。Yくんはハンドボール部の部長、長男はサッカー部の部長で、中学・高校と親しく、部活だけでなく文化祭や運動会など学校行事にも積極的に取り組んでいた2人は「成績も上位を目指そう！」とゲーム感覚?で競い合うようになりました。

Yくんの2つ上のお兄さんが、彼らの高校から東大に現役で合格したことで、長男にとって「東大」がぐっと身近になったのかもしれません。それで高2の夏、親戚のお葬式で神奈川に行った際に、彼は1人で初めて東大の見学に行ったのです。

長男は、東京には幼児の頃以来行ったことがありませんでした。当時の私達は、東大のキャンパスが駒場と本郷の2カ所にあることも、文一が何で理三が何かということも知らず、東大について何も知識もない状態でした。

そんな状態で初めて行った本郷キャンパスで、なんと、先ほどお話ししたYくんのお兄さんに偶然会ったそうです。初めて足を踏み入れた広い東大のキャンパス内でばったり知り合いに、それも仲良しの友人のお兄さんに会ったのです。このことで長男にとって、東大がにわかに親近感のわく存在になったのではないか、と思います。

Yくんも長男も、現役で東大の文科一類に合格しました。驚いたことに、本郷キャンパスでの合格発表時にも、ものすごい人ごみの中で先ほどのYくんのお兄さんから声をかけられたのです。ラクロス部の勧誘で来ていたお兄さん達に胴上げをしてもらい、記念写真を撮りました。不思議な縁を感じます。このように、長男の場合は友人の影響も大きかったと思います。

長女は、長男の入学と学園祭がきっかけ

長男が東大に入学してからは、本郷の五月祭・駒場の駒場祭・卒業式と、イベントがあるたびに当時小学生だった長女や中学生だった次男を連れて行きました。彼らに、大学というところの雰囲気を肌で感じてもらおうと思ったからです。もっとも当時は「下の2人も東大を目指すといいな」などとは、全く思ってもいませんでした。ただ、雲の上の存在だった東大が、「長男が通っている大学」になったことで、私達親子にとって、心理的に少し近い存在になったのです。

長女は、大学祭での多彩なサークルパフォーマンスを目の当たりにして、「楽しそうだからここに来たいな」という気持ちが芽生えたそうです。特にダブルダッチの演技が気に入り、大学祭のたびに釘付けになっていました。東大のダブルダッチは、世界大会に出場するチームもいて、そのレベルの高い演技は多くの観衆を集めていました。長女は、小学生の時に抱いた「ここに来たいな」という淡い思いが大きくなって、東大をめざすようになったのではないかな、と思います。

次男は、大学そのものへの思いから

次男は工業高等専門学校（以後、高専）に通っていました。次男が普通高校ではなく高専を受験したのは、私がレールを敷いてしまったためで、詳しくは後ほどお話しします。

3年の春、普通高校に通う中学の同級生達が大学受験に向けて取り組んでいる姿を見聞きし、進路について色々悩み始めました。医学部に行きたいとか世界旅行をしたいとかいう思いもありました。高専から大学へ編入できるのは、工学部だけなので、医学部へは編入ではなく普通に入試を受けることになります。かなり悩み続けていましたので、私は次の選択肢を提示しました。①高専を3年でやめて予備校に通いながら医学部をめざす　②高専に通いながら大学の編入試験をめざす　③高専に5年間通い、卒業して就職する　④アルバイトしてお金を貯めて世界旅行する⑤5年間高専に通い卒業してから医学部をめざす。この5つの選択肢から、数カ月間悩みに悩んで「高専に通いながら編入試験を目指す」に彼自身が決めました。

高専からは、通常大学3年生への編入ですが、東大と京大だけが2年生への編入となります。本当は1年生から普通に大学に入りたかった次男は、2年編入となる東大・京大の選択となり「実現可能な選択肢の中で1番良い」東大を選んだそうです。

このように3人それぞれの状況の中で、我が家は3人とも東大をめざすことになりました。また、長男の在学中に北陸新幹線が開通し、金沢から2時間半で東京へ行けるようになって、日帰りも可能になりました。東京へ行きやすくなったことで、物理的な距離を感じなくなったことも大きかったです。

②実際に東大に行ってみよう

「東大」を目標にしても、漠然と思っているだけの親子にとっては、「東大」は遠くて高い壁でしょう。まずは知ること。知らなければ具体的な目標になりません。

周りに東大出身者がいれば、話を聞くこともよいでしょう。また話を聞ける人も聞けない人も、まずは実際に東大に足を運んでみることをお勧めします。

気軽な気持ちでキャンパスへ

まだ東大へ行ったことのない方は、大学祭だけでなく年間を通じて開催されている「キャンパスツアー」に参加してみてください。どなたでも参加できます。オンラインと対面があり、学生が東大の歴史や建物について説明してくれます。

また、キャンパス内には、美容室・コンビニ・博物館・たくさんの飲食店があり、生協には、東大ロゴ入りの文具やお菓子・ラーメン・お酒まで売っています。赤門を入った左側にあるコミュニケーションセンターでは、東大の研究成果を活用した食品や蓬の花エキスを使用したスキンケア用品、アミノ酸研究で誕生した化粧品商品が販売され、好評です。もちろん誰でも購入できます。

特に飲食店はたくさんあり、こちらも誰でも利用できます。私もまだ、半分ほどしか行っていないので、次はどこにしようかと、東大に行く楽しみの１つでもあります。

東大の門をくぐると身近になる

東大を身近に感じるために、大学祭などに足を運び、実際に東大のキャンパスに入ってみる、というのはとても有効だと思います。ウイークデーは近所の保育園児達のお散歩コースですし、休日や夕方以降には近所の人が犬の散歩やウオーキングに来たりしています。都心の静かな緑あふれる公園、と言った感じです。

どうでしょう。東大のキャンパスをのぞいてみたくなりましたでしょうか。まずは東大の門をくぐって大学の雰囲気を知り、東大をグッと身近な存在にしてみませんか。

勉強は辛くて嫌なもの？

「東大云々の前に、勉強嫌いな子が楽しく勉強できる方法を教えてください」と、保護者の方から言われることがあります。

この質問に、2つの疑問が浮かんできます。

本当に、辛くて嫌なのか？

1つ目は、「勉強は、本当に辛くて嫌なものなのか」ということです。「勉強嫌いな子が楽しく勉強できる方法を教えてください」という言葉が出る前提には、「勉強は辛くて嫌なもの」という決めつけがあるように思います。本当にそうなのでしょうか。

例えば生後1年くらいの乳幼児は、自らつかまり立ちをしようとしたり、歩こうとしたりしますね。何度転んでも、失敗しても、誰に指示されたわけでもないのに自分から何度でもチャレンジします。そんな姿を見ると、「子どもって、本当に向上心にあふれた努力家だなあ」と思わずにはいられません。2歳くらいになると、なんでも自分でやりたがります。さらに年齢が進むと、「なんで？　なんで？」と質問してきます。幼い子は、実に知的好奇心に満ち溢れているのです。

それなのに、なぜひとたび「勉強」となると、とたんに「辛くて嫌なこと」になってしまうのでしょう。いつから「新しいことを知ること」が、苦痛になってしまうのでしょう。

勉強が嫌いになる2つの理由

その理由として、2つのことが考えられます。

1つ目は、「人にやらされるから」ではないでしょうか。自分が「したい」という思いでやることなら、さほど苦痛には感じないのではないでしょうか。

不思議なもので、人間は「やりなさい」と言われると、やりたくなくなり、「やってはいけません」と言われると、やってみたくなるという面があります。「勉強しなさい」と人から強制されるから、いつの間にか勉強が嫌でつらいもの、になってしまうのではないでしょうか。

2つ目は、「やっていることがわからない、できないから」です。学びのどこかの段階で、誰でもつまずいてしまうことがあります。その時に適切なフォローがないまま次に進んでしまうと、どんどんわからなくなり、それで、だんだん苦痛になってしまうのではないでしょうか。

もし私が、全くわからない、例えばスワヒリ語とかトルコ語の授業を毎日聞いていたら、それは苦痛なだけだし投げ出したくもなるでしょう。「ちょっとつまずいた」時に、適切なフォローがあれば、違うのではないかと思うのです。小さな「つまずき」が、積もり積もってしまうと、「全くわからない」→「つまらない」→「苦痛」になっていくのではないでしょうか。

もちろんできないことをできるようにするためには、一定時間あるいは一定量の反復練習が必要になります。その作業は確かに、少し辛いことかもしれません。でも、苦労して自分の足で山を登ってこそ、頂上での達成感や感動を味わうことができるのです。もし「勉強が嫌だ」と思っているなら、まずはほんの少し努力をして、今いる所より少し高い場所へ登ってみたらどうでしょう。もちろん上へ登るのですから、多少の努力は必要です。でも、登ったら登った分だけ、見晴らしは良くなるのです。登って見てみないと、高いところからの景色はわかりません。まずはやってみる。ちょっとの努力をして、少し登ってみることをお勧めします。努力があるから、達成感があるのです。

一度達成感を味わえば、ゲームをクリアしていくように、次のステージ、また次のステージとあがっていく楽しさに気づくかもしれません。

楽しいってどういうこと？

2つ目の疑問は、「楽しいと感じるのは、何をしている時か」ということです。

子どもなら、好きなゲームをしている時やYouTubeを見ている時、友達と話している時、などでしょうか。「楽しく勉強」とは、遊びやエンターテイメント的な楽しさを勉強に求めているのでしょうか。勉強を好きなゲームをするときのように楽しくできないか、ということでしょうか。

そのようなニーズに応えて、パフォーマンス中心の授業がもてはやされた時期がありました。また、デジタル教育を進めるために、今では1人1台タブレット端末が配備されています。タブレットを使ってゲームのように勉強しても、やはり勉強は楽しくない、ということなのでしょうか。

大人の思い込みが、子どもを勉強嫌いにする

何を楽しいと感じるかは、人それぞれです。ですが、「クリアして進んでいく達成感」は喜びにつながります。苦労したら苦労した分だけ、達成感は大きくなります。あるいは

自分で「勉強って、1つの面をクリアして次に進むゲームみたいなもの」と「暗示」をかけるのもよいでしょう。「ゲームみたいなもの」と言いましたが、受験勉強には実際そういう側面もあります。決められた時間内に、いかに効率よく点をかせいでいくか。解く順番、どの問題にどれくらい時間を割くか、どこで見切りをつけるか、作戦を練りながら得点をゲットしていく、という意味では、まさにゲームのようだと思います。いずれにしても「勉強は辛くて嫌なもの」という大人の思い込みや決めつけが、子どもの勉強嫌いを生んでいるような気がしてなりません。

我流では子どもは伸びません

「まなぶ」と「まねぶ」

広辞苑によると、「学ぶ」という漢字には「まなぶ」と「まねぶ」の2つの読み方があります。「まなぶ」と読むときの意味は「まねてする、ならって行う」「教えを受ける、習う」「学問をする」など。「まねぶ」と読むときの意味は「まねてならう」「見聞した物事をそのまま人に語り告げる」「教えを受けて習う」で「真似る」と同源、となっています。ということは、「学ぶ」ことは「真似る」こととも言えます。

ひらめきは、思い違い。まず、真似る

数学を例にとるなら、教科書に書いてある解法を、「真似て」解いてみます。解き方がわかったら、類題を何題も解き、解法を覚えていきます。数字が変わっても、出題パターンが多少変わっても、「あの解法を使うんだな」と、思いつくようになるまで、何度も何度も解くのです。１つの問題にいくつかのアプローチがあれば、すべてを試します。数学は解き方が１つではありません。色々な方法を習得することを受験の世界では「引出しを増やす」と言います。

「数学が苦手だから、解き方がひらめかない」と言う人がいますが、数学はひらめきではありません。そう言う人は、単に演習量が足りないだけです。解法がひらめく人は、多くの引出し（解法）をもっているのです。引出しの中のどれが使えそうかひらめくのであって、無から「ひらめいて」自分で解法を導きだしているのではありません。先人が編み出した解法を真似て、自分でも使いこなせるようになるまで練習しているから、どの解法が

使えそうか「ひらめく」のです。

我流にこだわる子は伸びない、という事実

ある解法を使えば早く正確に解ける問題を、すごく遠回りで面倒な計算をいくつもしながら答えにたどり着く生徒がいます。そこで「計算、大変だったね。でもそのやり方だと、時間がかかるし計算間違いもしやすい。だからこの解き方を使うと早いし計算間違いが少ないから、やってごらん」と説明すると「なるほど、そうか」とすぐに手順を真似して解きなおす生徒がいます。

一方、「答えがあってるから、これでいいじゃん」とか「そんなやり方、面倒くさい」とか言って、こちらの話を聞こうともしない生徒もいます。教わることを拒否して自分流で解きたいなら、何のためにお金と時間を費やして塾に来ているのかな、と思ってしまいます。

そういう生徒達には、２つのパターンがあります。１つ目は、自分は数学が得意だから、自分のやり方が１番、と思い込んでいる生徒で、ある意味傲慢です。もう１つは、「考えること」から逃げている生徒です。わけもわからず、出てくる数字をとにかく手あたり次第計算します。考えることが面倒なので、話を聞こうともしません。

伸びる子は、素直に行動

伸びる生徒は、面倒だのなんだの言わずに、とりあえず教わった方法で解いてみます。実際やってみれば、自分のやり方と教えられた方法と、どちらが楽に早く正確に解けるか、わかります。四の五の言っている間に、手と頭を動かして欲しいのです。

抵抗して我流を通そうとするのは、小学校高学年くらいの生徒に多いです。たいした知識もない10代が我流で解くより、先人の知識に学ぶ（真似る）方が、どれだけ効率的か決まっています。「独創的であることこそが素晴らしい」という風潮が世の中にはありますし、「真似なんかしたくない」という生徒もいます。ですが、果たしてそうなのでしょうか。基礎知識も手立ても持たない人が、何もないところから、どうやって新しい手段をうみだせるというのでしょう。

まずは、先人や先輩のやり方を真似る。自分の知識や引き出しが増えていって初めて、それらを使って自分なりに考えることができるのです。

問題が解けるようになりたかったら、まずは解き方を真似る。人の話を素直に聞くことです。我流を押し通していては、伸びることはできません。「自分に合った勉強法」を見つけるためにも、はじめは「真似る」ことをお勧めします。

勉強法はみんな違うから、自分で見つける

生徒さんから、「どんなふうに勉強したらよいですか？」「暗記が苦手なのですが、どうしたら覚えられますか？」と、よく尋ねられます。

結論から言えば、答は、「自分に合った方法を自分で見つける」です。「何それ」と拍子抜けされたかもしれませんね。ですが、勉強法は人によって違います。実際に我が家の子ども達も、三人三様それぞれのやり方でした。

長男は、「書く＋声に出して覚える」タイプ

長男は小1から高3までサッカー三昧の日々でした。小中学生の時はトレセンメンバーに選ばれており、チームの練習に加え、トレセンの練習もありました。当時全国大会出場

常連だったクラブチームに所属しており、練習に遠征にとサッカーにあけくれる毎日。高校のサッカー部ではキャプテンをしていて、小学生から高3の6月の高校総体で引退するまでは、まさにサッカー漬けでした。

サッカーだけでなく、高校の文化祭では伝統の歌舞伎に出たり、運動会では応援団をやったり、友情に恋愛に青春をエンジョイしていました。ガリガリと勉強していたという印象が全くなかったので、効率よく勉強していたのかなあと思っていました。

ですが、長男が東大に合格して家を出る時、捨てるゴミとして紐で縛られたノートを見て、びっくり！　すべての科目のノートが、整った字で、わかりやすくまとめられていました。どんな参考書よりわかりやすくあまりにも素晴らしいノートでしたので、捨てずに学習塾で見本として使うことにしました。

そのノートを見て、「実はコツコツと真面目に勉強していたんだ」と驚きました。そんな面は知りませんでしたので、意外でした。普段から手を抜かず、地道に勉強を続けていたから、きちんとした素地ができていたのです。その素地があったからこそ、部活を引退した後、集中して勉強して、文科一類に現役合格できたのでしょう。

長男は「書く＋声に出して覚える」タイプでした。書くスピードがあったので、多くの時間を割かずにノートまとめができたのでは、と思います。また、英単語や世界史の用語

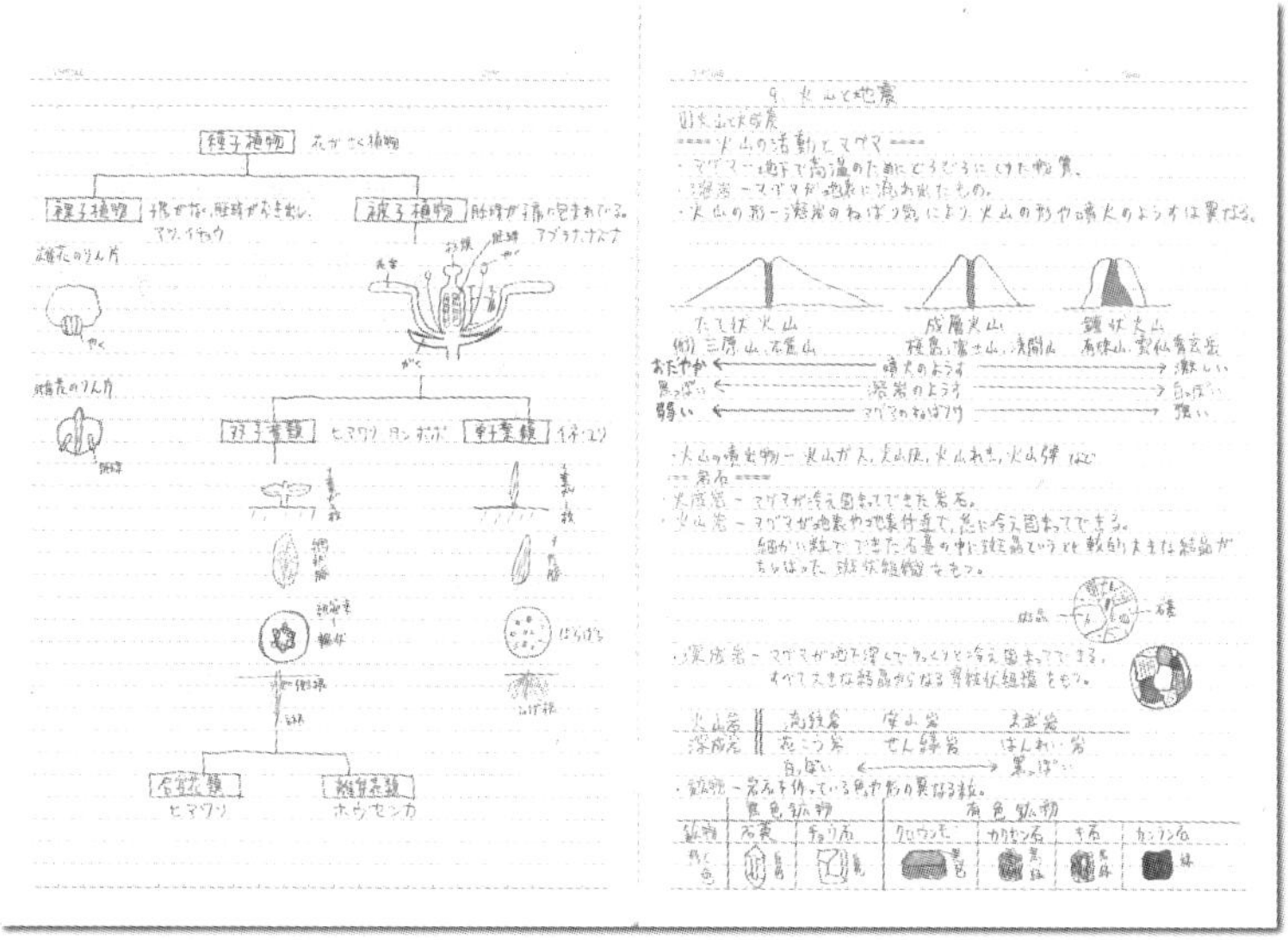
種子植物
裸子植物
被子植物
双子葉類
単子葉類
合弁花類
離弁花類
ヒマワリ
ホウセンカ
9. 火山と地震
たて状火山
成層火山
鐘状火山

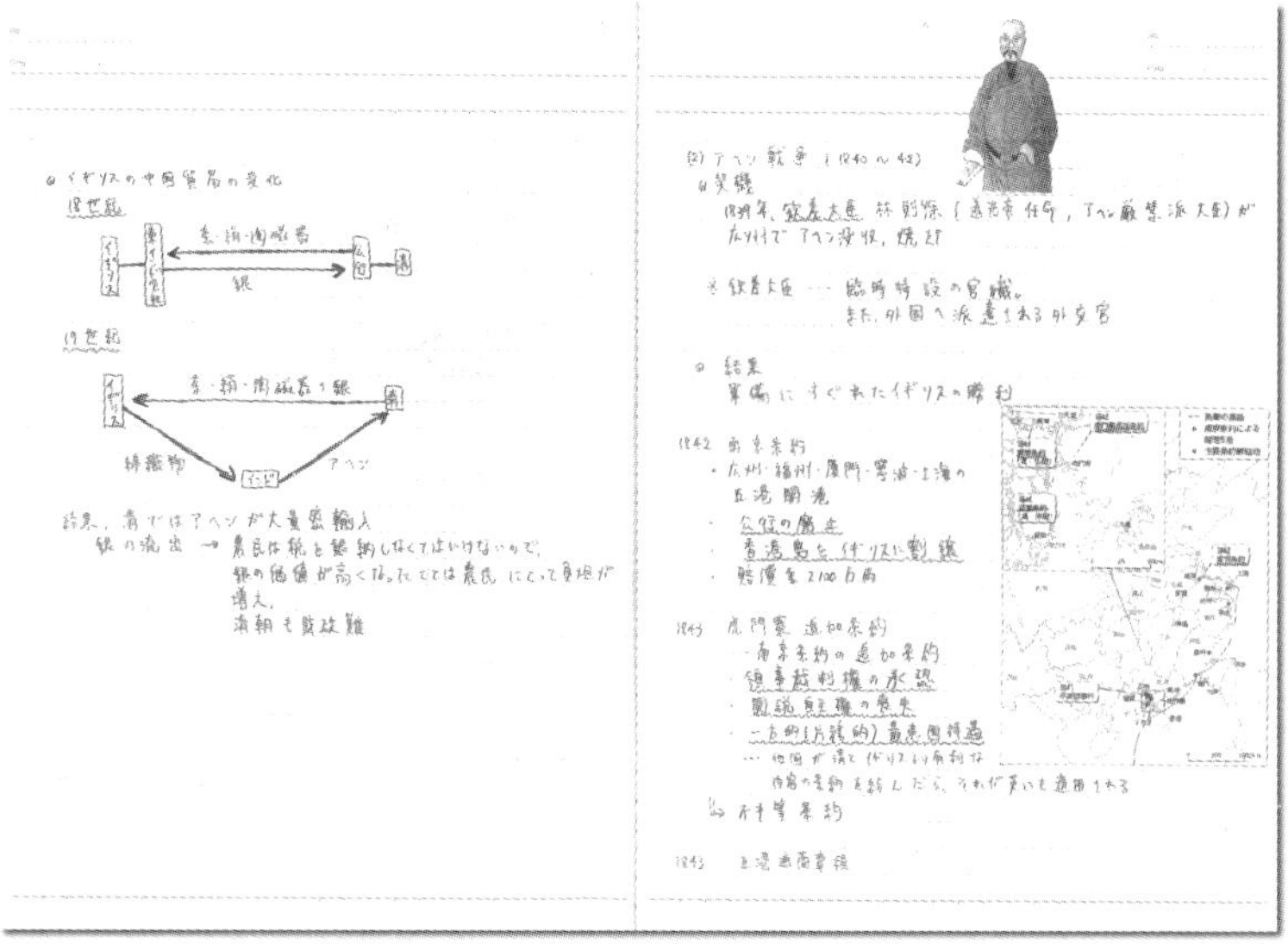
アヘン戦争
結果
南京条約

などは、繰り返し繰り返し、声に出していました。声に出すことは、インプットとアウトプットの両方を兼ねています。写真はノートの一例です。上が中3の理科、下が高校の世界史です。理科は絵が多用してありますし、世界史は地図が入っています。このように科目に合わせて、わかりやすく覚えやすいノートになっています。

次男は、「ち密な計画＋努力」タイプ

次男は石川高専からの編入でした。普通の入試ではなく編入試験でしたので、もっとも苦労したのは情報がほとんどないことでした。大学受験生なら必ず使う、大学別過去入試問題集である赤本や青本はありません。模試も全くありません。普通の入試であれば、センター試験（今は共通テスト）模試の他、東大模試や京大模試といった大学名のついたいわゆる冠模試もあります。ですが、高専からの編入は、入試の日時がわかっているだけです。募集人数すら「若干名」とかかれているだけです。何名合格できるのか、何点取ったら合格できるのか、さえわかりません。関東や関西には、編入試験向けの予備校や塾もありますが、地方にはありません。

石川高専からの東大編入は、30年ほど前に1人いるだけですから、学校にも何の情報も

ありません。それどころか、3年時の保護者面談で、「金沢大学の編入試験の過去問をください」と担任にお願いしたら「今やっても、心が折れるだけだから、問題を見ない方がいい」と断られたのです。あの時は、本当に唖然としました。

自分が受験生だった頃「傾向と対策」という受験本がありました。受験のためにもっとも必要なことは、「相手を知ること」です。どんな傾向でどのレベルの問題がでるのか知らなければ、対策をたてることはできません。まさに「傾向」を知り「対策」をたてて実行する、これ以外にありません。であるのに「今、問題を見ない方がいい」とは、どういうことでしょう。

「学校は頼りにならない」とその時に悟り、それからは親子二人三脚での受験勉強でした。まさに暗中模索状態。ネットからなんとか過去問や情報を拾いながら、手探りで進むしかありませんでした。英作文だけは学校で添削してもらえましたが、先生によっては、非常にお粗末な指導な上、高圧的な態度でした。私が見た方がマシ、と思い英語に関しては、私や妹、時には東京の兄にも相談しながら進めました。また編入試験には志望動機書が必要です。その作成に当たっては、私が何度も何度も添削し推敲しました。面接もあるため、どれだけ自宅で練習したかわかりません。

傾向を調べたら、次は参考書と問題集探し

入試問題の傾向を調べたら、その問題を解けるようになるためにどの参考書・問題集が有効か調べます。ネットでよさそうなものを調べ、アマゾンやメルカリで古本を購入します。安く購入した参考書・問題集を片っ端から使ってみて、自分に合ったもの、使いやすいものを選んでいきました。古本で安く購入しているので、もったいなくありません。使わないものは、またメルカリに出します「東大受験なら○○を使うとよい」というような参考書・問題集・単語帳などに関する情報が、ネットにたくさん出ています。でも、どれが自分にとって使いやすいかは、自分しかわからないのです。ですから次男は、試行錯誤を繰り返して、自分にあった参考書を見つけ、自分なりの勉強法を確立していきました。

次は、計画

使うべき参考書・問題集が決まったら、次は計画です。学習計画をラージ・ミドル・スモールステップで立て、それをひたすら実行していきました。

まず、ラージステップ。入試本番までの日数・時間を計算し、合格点をとるために全科

目のやらなければならないことを洗い出します。その後、科目別に、例えば英語なら、本番までにやらねばならないこと、基礎の文法や単語、次に長文読解や英作文演習、そして過去問、ということを全て書き出します。そして、それぞれをいつまでに終了させれば間に合うか割り出し、終了させる日を決めます。

次は、ミドルステップの計画です。例えば英語の基礎である文法と単語を固めるために、文法なら文法書、単語なら単語帳を何周すれば頭に入るか判断します。個人差がありますので、自分で自分の力を見極めて、希望的観測ではなくできるだけ正確に立てることが大切です。そして、目標をクリアするためには1日何ページやらなければいけないかを計算し、毎日のノルマを決めます。すべての科目でこのような作業をしたうえで、スモールステップである毎日のスケジュールを決めるのです。その綿密さは、分単位です。何時何分から何分まで、英単語何ページから何ページまで、何分から何分まで数学の問題集何ページから何ページ、ここで休憩は何分と本当に細かいスモールステップです。そしてそのスケジュールを、毎日淡々とこなしていく、というスタイルでした。

毎日次男の机には、次ページの写真のような分刻みのスケジュールが書かれた紙がおいてありました。休日も決まった時間に起きて、夜寝るまで、スケジュール通りに10時間以上、ずっと勉強。学校がある日は、帰宅するとすぐに勉強。そして寝る前に、体力作りの

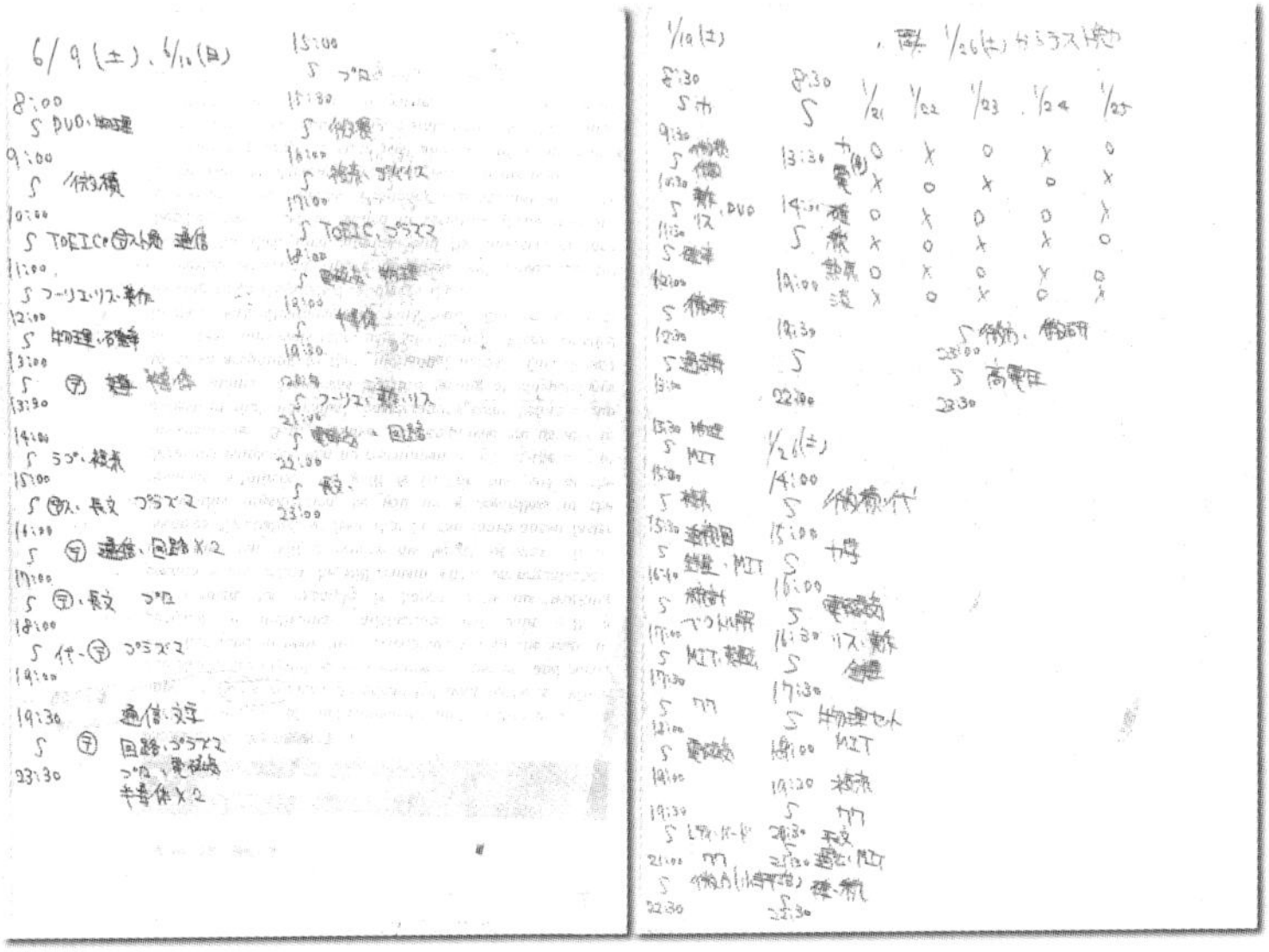

ために軽くランニング。そして決まった時間に床に就く、という生活を毎日毎日、1日たりとも休むことなく、高専3年の秋から入試まで続けていました。

最初から勉強だけではなかった

とは言え、次男は受験勉強を始めるまでの2年間は、ほとんど勉強はしていませんでした。映画が大好きで映画館に毎週足を運び、さらにレンタルビデオを毎日のように観ていました。観たい映画を書き出して、1本ずつクリアしていきます。勉強のやり方と同じです。また、ギターにも凝っていてバンドを組み、毎日欠かさず4時間ほどギターの練習をして、ライブなどもしていました。が、「受験」にシフトチェンジしてからは、それらすべてを封印し、わずかな休憩時間に本を読むくらいでした。その努力には、本当に頭が下がります。目標に向かってあれだけ努力を継続できる人はそうそういないと、わが子ながら感心します。「世の中には努力ではどうにもならないことが多いけれど、勉強だけは努力を裏切らない。やった分だけ、確実に力になる」と次男はよく言っていました。その通りだと思います。また、「正しい方法で、きちんとやり続けさえすれば、東大にだって行ける」とも言っていました。きちんと計画を立て、正しい方法で、コツコツ努力を続けることが、大切なのです。

長女は、「コスパ重視」タイプ

長女は、コスパ重視です。何より効率を重視し、「やるべきことをやるのではなく、やらなくていいことをやらない」主義でした。例えば数学。あまり数学が得意ではなかった彼女は、応用力では戦えないと判断し、「引出し」つまり多くの解法を増やすことに力を注いでいました。「1冊の問題集をボロボロになるまでやりこむのがいい」という人もいます。私もその方法を推奨しがちです。ですが彼女は、多くの問題にあたることで引出し（解法）を増やしていきました。

やり方はこうです。問題集を1回目に解くときに、自力で解けたものは緑色、解答をみて理解し次は解けそうな問題は青色、答えを見てわかったけれど次も解けるか怪しいのは黄色、答えを見てもよく理解できないものは赤色、というように色分けして、付箋を貼っていきます（次ページ写真）。そして2回目に解くときは、青色と黄色付箋の問題は、見て解法を頭に思い浮かべてから回答を見て、合っていたら付箋を外すのです。

ポイントは、手を動かして実際に書いて問題を解く、という作業をしないことです。書かないことで時間を節約し、その空いた時間で、1冊ではなく数冊の問題集に手を付けていくのです。書いたり音読したりではなく、見て覚えるのだそうです。問題に数多くあたることによって、多くの解法を覚えていったそうです。

現状を変えるのは、本人の意識

「3人も東大なんて、天才一家だね」などと言われますが、決して天才ではないのです。母子家庭で経済的に困窮を極めていた現状を、自らの力で変えるためにしてきた、たゆまぬ努力の賜物なのです。「努力できることも才能」と言う人もいますが、「現状を変えたい」という意志の力のように思います。苦しい状況から脱却するために、子ども達が努力したのだと思います。「ケガの功名」と言えるかもしれません。勉強法も参考書も、色々試してみて、自分に合った勉強法を見つけていくのが良いと思います。見つけるまでにはある程度時間がかかりますので、早くから始めた方がよいでしょう。

数学I+A+II+B
上級問題精講
長崎憲一 著

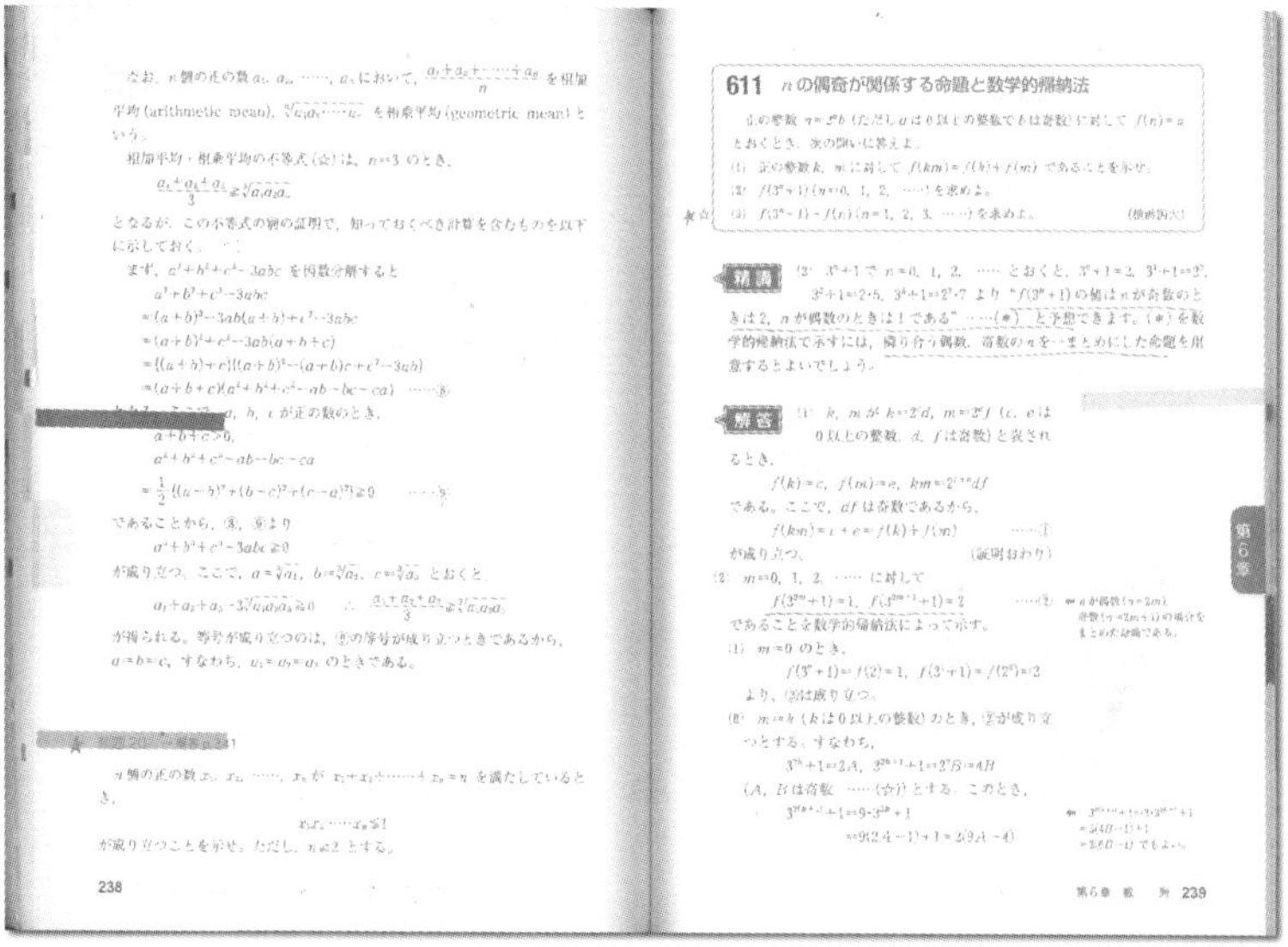
611 nの偶奇が関係する命題と数学的帰納法
精講
解答
238
第6章 整 数 239

勉強は歯磨きと同じ。習慣にする

「勉強って、楽しい」とは、なかなか思えないでしょう。

私の教室にも「あーあ、勉強好きに生まれたかったなあ」と、いつも言う生徒がいます。彼曰く「僕は、能力はそこそこあると自分でも思うけど、勉強することが大嫌いだからテストで点が取れない。それなら、能力は普通でいいから勉強好きに生まれたかった」と。彼は、「自分は勉強嫌いだ」と、思い込んでしまっているのです。ですが、勉強好き・勉強嫌いというのは、そもそも生まれつきなのでしょうか？ 大いに疑問を感じます。そこで、「じゃあ、なぜそんなに勉強が嫌いなのかな？」と聞いてみました。返ってきた答えは、「勉強以外に楽しいことがあって、そっちを先にやりたいから」でした。なるほどなるほど。それならわかります。

次に、「勉強以外に楽しいこと、例えば何が楽しい？ で、それはごはんも食べないで1日中やっていたいほど、楽しくて好きなことなの？」と尋ねると、「うーん。ＹＯＵＴＵＢＥも、毎日見ていたら、飽きるかなあ」という答え。そうなのです。彼らの言う「楽しい」は、その程度のものなのですよね。

夢中になれるものとは

もし、ご飯を食べるより寝るより大好きなことがあって、ずっとやっていても飽きないくらいのめり込むものがあるなら、そのことを一所懸命やればいいと思います。「好きこそものの上手なれ」です。とことんやるべきでしょう。

でも、多くの人は、そこまで夢中になるものがないのが現状だと思います。ですが、いつかやりたいものが出てきたら、それを実現するためには基礎知識が必要になってくるでしょう。ゲームに例えるなら、たくさんアイテム（道具や武器）を持っていた方が、攻略しやすいでしょう。ゲームでいうアイテムにあたるものが、勉強という経験で得られる、知識や手法・考え方なのではないかと思うのです。

勉強は何のために

例えば、方程式を立てるのであれば、文章から立式に必要な要素を選び取り、状況を式で表し、それをルールに従って解いていきます。この「式を立てるために、文章から必要な情報を選び取り、整理する」という手法は、勉強だけでなく人生のあらゆる局面で使えます。「膨大な情報から、必要な情報だけを選び取り、まとめる」という作業は、仕事の上でも常に必要なことです。「方程式を立てて解く」という経験を通して、知らず知らずのうちに、情報処理の手法を身につけているのです。

また、実現したい目標があったとします。それを達成するためには、計画を立てますよね。計画なくしては実現が難しいので、社会人なら誰でもやることです。そしてこれも、勉強、特に受験勉強で培われる力です。

入試という決まった日までの残り時間を計算し、現状の自分の力と目標の点数とのギャップを客観的にとらえ、何をどう勉強していったら合格できるのか考え、計画を立て、実行する。この逆算して計画を立て実行する力は、将来色々な場面で役に立ちます。逆算の具体的な方法は、後ほど詳しくお話しします。

勉強が与えてくれるもの

「今やっていることが将来役に立たない気がする。大人になって、連立方程式なんて使うとは思えない。だから無駄かなあ、って」と言う生徒は多いです。確かに日常生活で、連立方程式を使う、なんて場面は、まずありませんよね。

でも勉強って、知識を得ることだけではないのです。学習する過程で身についていくのは、考え方や手法、あるいは先を見通す力など知識以外にもたくさんあるのです。

このような「勉強を通して身につけたこと」が、将来、大きく役に立つのです。ですから、勉強はやるものなのです。

好きとか嫌いとか、やりたいとかやりたくないとか、ではないのです。ご飯を食べてから歯を磨かないと、虫歯になってしまいますよね。ですから歯を磨くように、「やるのが普通、あたりまえ」だと思えば、苦でもありません。習慣なのですから。

しのごの言っていないで、まずは勉強しましょう。やっているうちに、習慣になり、やるのが当たり前で苦痛でなくなるかもしれません。

第２章

国語力が、合否を決める。

国語力がすべて

東大に限らず、入試の合否は「国語力で決まる」というのが、私の持論です。と言うのも、「問題文を、全然読んでないなあ」と、生徒達を見ていて毎日思うからです。小学生から高校生まで、おしなべて、です。

例えば、過去の高校入試で次の問題が出たことがあります。「資料中の5県について、人口と第一次産業の割合の関係を答えなさい」。解答例は「人口が多い県ほど、第一次産業の割合が低い」です。でも、中学では平均以上の成績で、テストで満点を取ることもある生徒が「わからない」と言います。5科目450点近く取る別の生徒は、「第一次産業が少ない」と答えましたが、正解ではありません。2人とも基礎的な知識はありますから、問題文は読めているはずなのです。

2人とも「人口」「第一次産業」「割合」「関係」という1つ1つの漢字は読めて意味も知っていましたが、どうも「人口と第一次産業の割合との関係」がわからないようなのです。「関係」と聞かれているのですから、「人口と第一次産業の割合にどういう関係があるのか」を書かなければなりません。また「割合」と言っているのですから、「第一次産業が少ない」という表現だと、第一次産業の何が少ないのかわからないので、「丸」はもらえません。

読んでいるようで、読めていない

このように、社会に限らず理科も数学も、ましてや国語の問題では、「問題文、本当に読んだ？」と聞きたくなる珍解答の嵐です。「記号で答えなさい」とあるのに言葉で答えたり、「あてはまらないものを選びなさい」なのにあてはまるものを選んだりと、問題文に対して、ちぐはぐの答えを書いているのです。不思議で仕方がありません。

読んでいるつもりで、実は読めていない人が多いのです。読むというより、眼で文字を追っているだけ、と言った方がよいでしょうか。意味を考えず文字面を眺めているだけなので、書かれている内容が理解できていないのです。

このように、国語力がない人が本当にたくさんいます。30年近く学習塾をしていて、全体的に国語力がどんどん落ちてきているように感じます。

国語力ってなに？

では、「国語力」とは、どのような力のことなのでしょう。

文部科学省は平成16年文化審議会答申で「これからの時代に求められる国語力」を、次の2つの領域に分けてとらえています。

①考える力、感じる力、想像する力、表す力からなる言語を中心とした情報を処理・操作する領域

②考える力や表す力などを支え、その基盤となる「国語の知識」や「教養・価値観・感性等」の領域

となると、国語力とは、「言語を中心とした情報の処理・操作ができる力」ということになるので、「国語力」の基盤は、「言語」「言葉」ということになります。

そこで、まずは「言葉」についてお話ししていきたいと思います。

言葉をたくさん知ろう

何かを考える時、いえ、感じる時でさえ、私達は「言葉」を使っています。例えば「おなかがすいたなあ」とか「寒いなあ」とかのように。そうです、私達はみな、無意識のうちに「言葉」を使って感じたり考えたりしているのです。

言葉はこのように感情や思考を表わす手段であるだけでなく、ものごとを区別・分類・整理し認識するためのものでもあります。

例えば、「雑草」という名前の植物はありません。単に私達が、その植物の「名前を知らない」だけなのです。「雑草」と私達が呼んでいる草にも、本当は1つ1つ名前があります。

もし名前を知っていれば、他のものと区別し、認識することができるのです。

言葉を知らないと、問題文は解けない

と言うことは、言葉をたくさん知っていると、認識できるものやことがらがそれだけ増

えることになります。ものだけでなく、感情や考えを伝える言葉を知っていればいるだけ、そのことがらや状況を詳細に認知し理解することができます。

一方、名前を知らない草全部をまとめて「雑草」と呼ぶように、名前を知らないものに対しては「みんないっしょくた」になってしまいます。つまり、自分のまわりのものごとをぼんやりとしか捉えられないということです。あるいは、自分が認知できる世界が、とても狭くなってしまうということです。

つまりテストの時も、あらゆることをぼんやりとしか捉えられないということです。それではとても問題文が要求していることは読み取れないでしょう。国語に限らず、数学も理科も社会も、問題は「文章」で書かれています。問題文の意味を正確に捉えられなければ、解答のしようがありません。だから正解が導き出せないのです。

母国語だから勉強しなくてもいいは間違い

言葉がこれほど大切であるにもかかわらず、「今の子どもって、本当に言葉を知らないなあ」と感じることが、しばしばあります。

例えば、中学で習う「平城京」。教科書には『碁盤の目状に区画し』と書いてあります。そこで、「碁盤ってわかる?」と中学生に聞くと、案の定「知らない。聞いたこともない」

と。「碁盤」という言葉を知らない生徒が、「碁盤の目状」がどんなものか、想像つくはずもありません。

さらに、ことわざ・慣用句・四字熟語などになると、お手上げ状態です。「取らぬ狸の皮算用」は「虎の狸の皮算用」ですし、「絵に描いた餅」は「おいしそうなお餅」だと言います。「○を長くして待つ」の穴埋めは「頭を長くして待つ」。日進月歩・二束三文・一部始終・七転八倒・立て板に水・板につく・水と油、全部知らない中学生もいます。知らない言葉や珍解答の例を挙げると、まさに「枚挙にいとまがありません」。難解な数学の問題はスラスラ解け、英語の長文は読めるのに、です。英語や数学の勉強はするのに、「国語力」の基礎である「言葉」は実におろそかにされがちなのです。

なぜ、こんなアンバランスな状態になってしまうのでしょうか。

原因の1つは、「算数や英語と違って、国語は日本語だから放っておいても自然と身につく」と考えておられる保護者が多いからではないか、と思います。計算練習は一生懸命させるけれど、言葉に関してはまるで無頓着な方が残念ながらいらっしゃいます。「日本語だから、自然に日常生活の中で身につく」とお考えなのです。

ある意味、それは確かです。ですが、だからこそ、日常生活でどんな会話をするかが重要になってくるのです。それなのに、保護者の方が「子どもには、大人の言葉はわからないだろう」と思って、「赤ちゃん言葉」で話しかけ、日常会話も平易な言葉しか使わなかったらどうなるでしょう。子ども達の「言葉」の世界は広がりませんよね。

国語力は家庭での会話次第

子ども達が最初に触れる世界は、家庭です。接するのは、家族が主。その家族から毎日シャワーのように浴びる「言葉」によって、子どもは言語を習得していきます。家族が限られた単語しか使わなければ、幼い子どもは、その限られた単語しか獲得できません。保育園・幼稚園・小学校と、年齢が上がるにつれて子どもの世界は広がっていきますが、毎日の家庭での会話はやはり重要です。なぜなら、学校や塾で「勉強」として習う言葉より、実生活の会話の中で使われる言葉のほうが、はるかに数が多いし身につくからです。

私の教室で語彙力をつけるための勉強をするとしても、せいぜい1週間に1時間程度しかできません。他に学ぶべきことがたくさんあるからです。問題や文章で出てきた知らない言葉を単語帳に書き出し、意味を説明し、時々テストをしていますが、とても足りません。一方、日常会話は毎日ですから、触れる言葉の数はとても多い。またその場の状況で意味もとりやすい。つまり、言葉を増やすには、「勉強」として本やドリルで学ぶより日常生活の中で獲得していく方が、断然効率が良いのです。

保護者の皆さん、「幼いから、わからないだろう」と決めつけないで、ぜひ、日常会話の中でことわざや慣用句に触れさせてあげてください。そしてお子さんに、「それ、どういう意味？」と聞かれたら、チャンスです！　面倒がらずに説明してあげてください。お子さんが言葉に興味を持ち、語彙力を増やす絶好のチャンスなのです。しかも塾とかドリルとかが不要ですから、無料です。

我が家の場合

私は幼い頃、母親に「一を聞いたら十を知れ」と呪文のように毎日言われていました。今思えば、その呪文から、行間を読むことや言外の相手の言わんとすることを読み取ることを知らず知らずのうちに学んでいったのかなあ、と。

探し物が近くにあれば「ほら、灯台下暗し」、お年玉をもらう前から買うものを考えていれば「取らぬ狸の皮算用」。日常生活の中に当たり前のようにことわざや慣用句がありました。自分がそのように育ったので、母親になってからも、わが子達に意識もせず普通に慣用句を使っていました。まだ子ども達が幼かった頃、周囲の人から、「子どもに、大人の言葉で話しているね」と指摘されたことがあります。もしかすると、幼い子にはわかりにくい表現や言葉で話していたかもしれません。でも、子ども達は状況から言葉の意味を読み取り、言葉を獲得していったのかなあ、と思います。わが子達の語彙力は、おそらく幼少期からの日常生活によって育まれたのだと思います。

もう1つは、本をたくさん読んでいたことでしょう。書き言葉は話し言葉と違いますから、書き言葉に触れるために活字を読むことは、効果抜群です。

ここまで読んでこられれば、語彙力が東大入試にどうかかわるか、は言わずもがなですね。入試問題は日本語で書いてあります。問題を早く正確に読み取る力と言いたいことを的確に表現する記述力の基礎は「語彙力」です。入試に限らず、問題に書かれている言葉の意味がわからなければ、問題が解けるはずもないのです。

日頃から、周囲の大人が、様々な表現や言葉をつかって子ども達に話しかけることによって、語彙力が豊かになっていくのではないでしょうか。

表現力は日記でつける

語彙力がついても、それを正しく使えなければ得点や合格には結びつきません。「表現力」をつけたいなら、毎日コツコツ続けられる方法がよいと思います。その代表的なものが、日記です。

日記を書くときには、できごとだけでなく、そのできごとに対してどう思ったのか、気持ちを書くようにしてみてください。「楽しかった」「面白かった」だけでなく、「なぜ楽しかったのか」「どこがおもしろかったのか」を考えて書くのです。そうすると、ものごとを掘り下げて考える習慣がついてきます。

幼いうちは、保護者が日記を読んで一言書いてあげたり、先生に見てもらったりするとよいと思います。文章に花丸がついたり、書いた内容について感想が書いてあったりすると、小さい子は嬉しくなって「次は何を書こう」と意欲がわきますから。

我が家の三人三様の日記

我が家では長男は小2まで、絵日記を書いて学校の担任の先生に提出していました。なぜ書かせたか、というと、私自身が小学校6年間、毎日日記を書き、担任の先生にみてもらっていたからです。小学校を卒業する時、担任の先生のアドバイスで、簡単に製本をしてもらった記憶があります。それで文章を書くことが好きになったように思うので、長男にも書くように勧めました。

長男の担任の先生は、いつも感想や一言メッセージを書いてくれました。先生の温かい言葉が、書き続けようというモチベーションにつながったと思います。小3になるときに離婚して引っ越し・転校をすることになりバタバタして、残念ながら絵日記は小2で終わってしまいました。ですが、2年間日記を書いたおかげか、長男は文章力がついたように思います。

次男は、日記を書きませんでした。そのせいかどうかは定かではありませんが、文章を書くことが、今でもあまり好きではないようです。

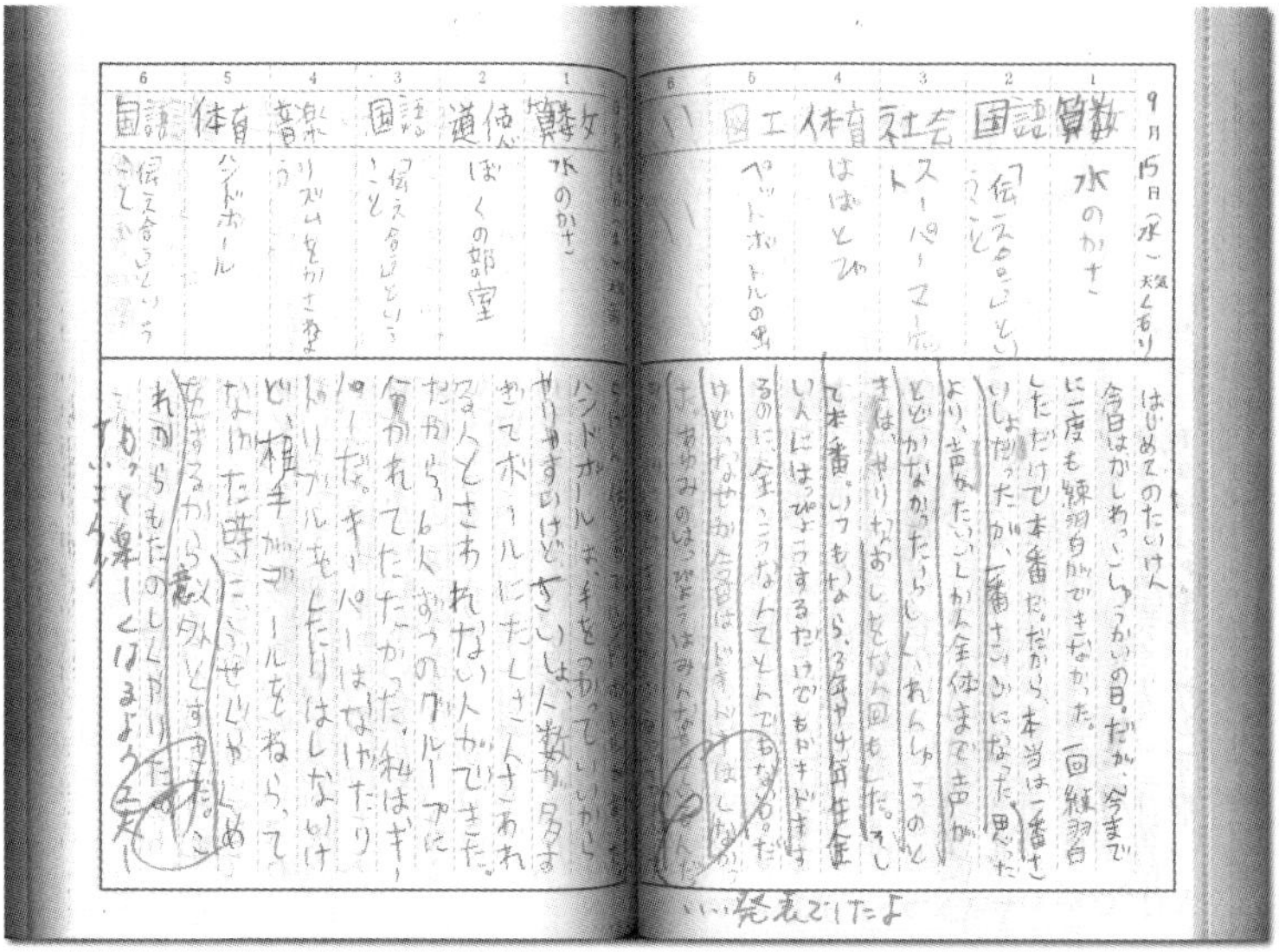

長女は小学校で「日記」が必須でした。小3から編入した金沢大学附属小学校では、「あゆみ」という冊子に、全校生徒が毎日、日記を書いて先生に提出し、一言書いてもらうのです。担任はクラス全員分の日記を毎日みなければならないので大変ですが、「あゆみ」は、書く力を養う良い機会だったと思います。

月に1回の全校集会では、学年ごとに「あゆみ」の発表がありました。発表者は聞く人がわかりやすいように読み方を工夫して大勢の前で発表するので、とても良い経験になります。また聞く側も、上手な文章を聞くことで、自分が書く時の参考になります。

書くことが好きだった長女は、小3の時

に全校集会で発表しました。「あゆみ」は、学年末に希望で製本してもらうことができたので、「製本してもらえる」ことも書こうというモチベーションにつながったと思います。おかげで長女は「作家になりたい」と思っていた時期があるほど、文を書くことが好きになりました。

学校で実施されてなくても、日記を書くことは家庭でも取り組めます。保護者の方との交換日記みたいな感じもよいなあと思います。面と向かって口では言えないことも、文字でなら伝えられることもあります。文章力アップがはかれる上、親子の心のふれあいも深まり、一石二鳥です。

新聞は使えるアイテム

日記と同じように、新聞もお勧めです。「小学生新聞を取っていて、子どもに読むように言っています。でも、漫画だけサッとみて、後は読まずに廃品回収に出すだけになっています。もったいないし、どうしたらよいでしょう」ある時、小6の保護者さんからこんな相談を受けました。お子さんに「小学生新聞を読みなさい」と丸投げして、ただ与えるだけでは無理と言うものです。小学生新聞といえども、新聞ですからなかなか読みごたえがあります。難解な言葉や表現がたくさん出てきますし、そもそも細かい活字がずらっと並んでいるのです。よほど活字好きな子どもでなければ、とても自分から読む気にはなれないでしょう。

新聞の要約も一緒に

そのご相談を受け、教室で小学生新聞を使って要約に取り組むことにしました。時間を測り、1つの話題について各自で読んで要約させ、それを発表させています。

要約は小6だけでなく、中学生も取り組んでいます。中3は、要約したものをさらに英訳しています。英作文の練習で英文日記を書かせることが多いのですが、日記だと毎日似たような単語・表現になりがちです。でも、この要約の英訳は、毎日違う話題で異なる単語を使わざるを得ません。政治や経済の話も多いので、単語や表現が少し難しいのですが、難しい単語や表現を使っていくことで、とても力がつくと思います。もちろん、要約も英訳も、一人ひとり書いたものを添削した上で、授業の中で全員分の解説をして、知識を共有しています。力をつけようと思ったら、やはりやらせるだけでは難しく、指導者や保護者からのアプローチが必要だと思います。

ご家庭でも、「やらせる」のではなく「一緒に」読んでほしいのです。大人が率先して読んだらいかがでしょう。「これ、面白いこと書いてあるよ」とか言いながら、リビングで小学生新聞を読んでいたら、お子さんが「なになに、見せて」と言ってくるかもしれません。一緒に読んでもいいし、お子さんに音読させてもいいですね。お子さんが簡単な漢字が読めなかったり、言葉の意味を知らなかったりするかもしれません。逆に、思っている以上に知識があるかもしれません。

いずれにせよ、お子さんに対する認識が変わると思います。親は子どものことをわかっているようで、わかっていないところがあるものです。新聞を一緒に読むことで、お子さんに対する理解が深まるばかりでなく、ご自身の知識も増えて一石二鳥です。

何かをお子さんにやらせるのではなく、保護者の方自身が楽しんでやってみてください。その姿が、お子さんに影響を与えていくのだと思います。強制的にやらせても、良い結果を生まないのではないかと思います。

素《そ》読《どく》のススメ

「国語力」をつけるのに、もう1つ良い方法があります。それは、「素読」です。「素読」とは、意味がわかる・わからないに関係なく、書かれてある文字をそのまま声に出して読むことです。書かれている内容を理解しながら読む「音読」との違いはこれです。

私の塾でも、小学生は授業の始めに、「素読」をしています。取り入れたきっかけは、学習方法に魅力を感じて出版物を教材としても使っていた、齋藤孝先生と陰山英男先生が「声に出して読むこと」は学習に大きな効果がある、と提唱されていたからです。声に出してテンポよく文を読み上げることが学習意欲が高まり、美しい文に触れることで知性が磨かれ、国語力もついてくる、というのです。私も国語力がすべての基礎だと考えており、また優れた美しい日本語を声に出して読むことには多くのメリットがあると思っています。

意味を考えずにただ読み上げるだけの「素読」には、「言葉を正確に覚える」「文字や文章に抵抗がなくなる」「長く記憶に残る」「暗記力が増す」「美しい言葉や文章のリズムが身につく」などたくさんのメリットがあります。

私も毎回、生徒と一緒に声に出して読み、暗唱しています。自分自身、一生懸命声を出して覚えていると、不思議と活力が湧いてきます。生徒達も声を出して読んでいるうちに、生き生きとした表情になってきます。声を出していると、なにか高揚感が湧いてくるのです。前向きに取り組むぞ、という気持ちになってくるのです。

理由は、声に出して読むことで、脳が活性化されるからだそうです。さらに、生徒同士あるいは生徒と私が、「文章を暗唱する」という同じ目的に向かって時間を共有するという一体感のようなものも生まれるので、授業のスタートにとてもよいのです。素材には「論語」を使うことがありますが、このことは別の項目でお話しします。

この「素読」。ぜひ、親子で楽しみながら取り組まれたらいかがでしょうか。

テストですべきは、想像すること

皆さんは「テストに必要なのは、知識や計算力、記述力や情報処理能力じゃないの？」と思われるでしょう。もちろん、それらの力なくしては、問題は解けません。

ですが、考えてみてください。そのうちＡＩが作成するかもしれませんが、今のところ人間の出題者がテストを受ける人の「ある力」を知りたいと思って問題を作成しています。「ある力」とは、何かについての知識があるかないか、どんなアプローチでこの問題を解くのか、問題を素早く処理できるかどうか、資料からわかることを読み取ることができるかどうか、などです。そして、「知りたい力」の種類や程度によって、問題の出し方や問い方が変わってきます。

特に入試であれば、「こんな生徒に入学してほしい」「こんな力をもった生徒に来てほしい」という学校側の思いが、入試問題ににじんでいます。だからこそ、出題者の意図・思い・狙いを「想像すること」が「最後にテストですべきこと」なのです。

そして、「出題者はこの力がみたいのだな」とわかったら、「そこはちゃんとわかっていますよ」というこちらのメッセージが相手に伝わる答案にするべきなのです。

メッセージが伝わる答案とはどういうことか、英語を例にとって考えてみます。

出題者の意図を想像する

英語と日本語では、構造が異なります。日本語の文法では、強調したいことを後ろにもっていきます。逆に、英語では前にもっていきます。ですから、英語の強調構文では、It isの後に、強調したい単語がきます。例えば、

Ken broke the window yesterday.「ケンは昨日、その窓を割った」

これは普通の形です。ところが、強調構文のIt is...that...が使われて

It was **Ken** that broke the window yesterday.

となっていたら、強調されているのはIt wasの後の「ケン」なので、「昨日その窓を割ったのはケンです」と訳します。日本語では強調したいことを後に持ってくるからです。「ケンは昨日、その窓を割った」では、強調構文の訳になっていませんから、採点者からすると「強調構文がわかっていないのだな」ということになってしまいます。

It was **yesterday** that Ken broke the window.

になっていたら、強調されているのは「昨日」なので、「ケンがその窓を割ったのは、昨

日でした」となります。ケンが、昨日、その窓を、割った、という「個々の単語の意味がわかっているかどうか」ではなく、「強調構文がわかっているかどうか」を見る問題であれば「私は強調構文のことをちゃんとわかっていますよ」と相手（採点者）に伝わる和訳にしなければなりません。「伝える」というより「私は強調構文のことがわかっていますよ」と「アピールする和訳」と言った方がいいかもしれません。出題者の意図を想像して読み取り、その意図に応える答案にする、ということです。

入試は出題者との駆け引き

では、出題者の意図を読み取るには、どうすればいいのでしょうか。

大学入試であれば、まずは「赤本」「青本」で過去の入試問題を数年分解きます。問題の出し方の傾向から「この大学は受験生のどんな力がみたいのか」「どんな力を持った学生に来てほしいのか」を探ります。入試問題を数年分解いて、大学の入試傾向がつかめたら、「何をどう解答できれば合格できるか」がわかってきます。すると、どんな力をつければよいか、自分に足りないのは何か、が見えてきます。そこまでわかれば、何をどうやって勉強していけばよいかの戦略を立てることができます。

テストでは、まず問題文を丁寧に読みながら、相手（出題者）の意図を想像します。意図がわかったら、「相手（出題者）が答えてほしいと思われる解答」を導き出します。最後にその解答をどう表現すれば伝わるか、読み手（採点者）の気持ちを想像しながら記述していきます。

たとえ正しい答えであったとしても、読み手（採点者）にきちんと伝わらなければ全く意味がありません。いくら知識があったとしても、出題者の意図と違う書き方、ましてや読めない字や意味の通らない書き方では得点にならないのです。答えがあっている、ということは、つまり出題者の意図にちゃんと応えていて、それが採点者に正しく伝わった、ということなのです。

○と×の境目、採点者の立場になる

「この答えはなぜ×なの？　これでもいいじゃん」と生徒がよく聞いてきます。私は、「問題で聞かれていることと違う答え方をしているからだよ」と説明します。例えば、理由を聞かれていたら、答えの文末は「～から」にしなければならないのに、「です」とか「こと」にしている、というようなことです。聞かれていることに、ピンポイントで過不足なくきちんと答えて、それが採点者に伝わって、初めて正解なのです。採点者の立場になって解答を書くことが重要です。まずは採点者が読める字、わかる表現で書く、ということです。

「何を答えてほしい問題なのか」と言う出題者の気持ちを想像すること、採点者の立場になって解答することが大切だということを、おわかりいただけたでしょうか。この「想像力」の養い方については、後ほどお話ししますが、出題者の気持ちを想像し、的確な表現で解答するための基礎は、やはり国語力なのです。

第3章

論語は、強い脳をつくる最強教材。

論語のススメ

①論語は、なぜ勉強するかの1つの答え

東大を受けるなら論語に注目してくださいとお話ししたら、ほとんどの方が驚かれると思います。その理由を説明する前に、長男のエピソードを聞いてください。

高校の入学式で、校長先生が「自分が得意なことで皆を引っ張っていく、というのは素晴らしいことです。しかし、私達が考えるエリートとは、誰でもできるけれど誰もやりたがらない仕事、例えばトイレ掃除のような仕事を率先してやれる人のことです。そんな人を育てたいと思っています」と話されたのです。

この言葉を聞いた時、ハッとしました。「論語」にそれに通じる一節があるからです。それは次の文です。（学而一―六）

子曰く、弟子入りては即ち孝、出でては即ち悌たれ。

（読み方）しいわく　ていしいりては　すなわちこう、いでては　すなわちていたれ。

（意味）若い人達は、家庭においては親を大切にし、社会においては年長者を敬いなさい。

慎みて信、汎く衆を愛して仁に近づけ。

（読み方）つつしみてしん、ひろくしゅうをあいして　じんにちかづけ。

（意味）言行を謹んで、言ったことは誠意をもって実行し、世の中の人々を愛することに努め、あたたかい気持ちで人に接することができるようにしなさい。

行いて余力有らば、即ち以て文を学べ。

（読み方）おこないて　よりょくあらば、すなわちもってぶんをまなべ。

（意味）このようなことを行って、なお余裕があるならば、学問をしなさい。

これを初めて読んだとき、私は雷に打たれたような気持ちになりました。人としてするべきことをきちんとできて、それで余力があれば、はじめて勉強してもよい。すごい言葉だと思いませんか。「他のことはいいから、とにかく勉強しなさい」と、子どもを追い立ててしまいがちなご家庭も少なくない今、心に刻んでおきたい言葉だと思うのです。「勉強さえしていればいい」のではないのです。まずは、「人としてどうあるべきか」と孔子は言っています。

図らずも我が家は、必要に迫られて子ども達にも家事を分担させてきました。そのことで段取り力などが身につき、勉強面においても功を奏したのではないかと思っていました。それが、「論語」にも「親を大切にし、自分でできることを率先して行ったのち余力があれば勉強しなさい」と書かれていたのです。考え方（論語）と実践（我が家の例）、そして結果（子ども3人が東大へ）がつながった気がします。

東大と論語の関係

では、なぜ「論語」が東大合格と関係があるのでしょうか。

「論語」には、人としてどう生きるべきか、ということが書かれていますが、そこではまず自律心を養い、自立への道筋を育てていくことが大切だとされています。例えば衛霊公十五―十六には、

子曰く、

（読み方）しいわく

（意味）孔先生がおっしゃった。

之を如何せん、之を如何せんと曰わざる者は、吾之を如何ともする事なきのみ。

（読み方）これをいかんせん、いかんせんといわざるものはわれこれをいかんともすることなきのみ。

（意味）自分の側から「これはどうしたらよいのでしょうか、これはどのようにしたらよいのでしょうか」と求めていないような者には、私はどうしてやりようもない。

また、述而篇八には、

憤せざれば啓せず。悱せざれば発せず。

（読み方）ふんせざればけいせず。ひせざればはっせず。

（意味）知りたいという思いをふくらませず、自分で考えて解決しようとする意欲がわかない者を教え導くことはしない。自分の考えを言い悩んで、どう表現してよいか悶々としていなければ、言葉を添えて導くようなことはしない。


一隅を挙げて、三隅を以て反せずんば、則ち復びせず。

（読み方）いちぐうをあげて、さんぐうをもってはんせずんば、すなわちふたたびせず。

（意味）四隅あるものごとのうち、１つヒントを与えてやって、その他の３つを自分で考えるようでなければ、二度と教えることはしない。

確かに自主・自律心は、勉強をする上で不可欠なものです。なぜなら、人に言われて仕方なくする勉強は、面白くないだけでなく身につかないからです。また、ゲームをしたい、遊びたい、というような誘惑に負けずに、目の前の課題に取り組むためには、自分を律する心が必要だからです。きちんと自己管理ができて、自学・自習ができなければ、伸びていきません。自ら学ぼう、学びたいという姿勢があってこそ、力がついてくるのです。このことは、何百人という生徒達を見てきて痛感しています。まずは、自律心を育てることが大切なのです。

「論語」にはその助けとなることがたくさん書かれています。まず勉強以前の心構えをつくる。また「何のために勉強するのか」「学んだことをどう生かしていくのか」につながる考え方も示されています。勉強するときの姿勢、つまり大前提のようなものです。勉強さえできればいい、人を押しのけても自分さえ良ければいい。そんな価値観だとしたら、その人は何のために勉強しているのでしょうか。

勉強することに価値を見出せないと、勉強はただ辛いだけのものになってしまうでしょう。「論語」によって刻み込まれた精神性・ものの見方は、日頃は忘れていたとしても、心のどこかに残るはずです。「勉強することには価値がある」という考え方が、「論語」によって、心の奥底にでも残ったら、勉強への向き合い方がかわってくるのではないでしょうか。

②論語の最初は、素読から

では、どのように論語に取り組めばいいのでしょうか。

その答えの1つが、「素読」だと私は考えています。これが、「素読」の項目で「論語」に触れた理由です。

もう一度繰り返すと、「素読」には、「言葉を正確に覚える」力がつくというメリットがあります。中学・高校へ進むと、公式や定義などを、正確に覚える必要が出てきますが、素読の、「繰り返し読み上げることによって覚える」という手法は、中学・高校へ進んだときに有効な勉強法の1つになるのです。

さらに、中学や高校で「素読」で読んだことのある文章、例えば「枕草子」や「論語」を習った時に、「あ、この文章を知っている」と思うでしょう。知っている文章はとっつきやすいので、習ったときに内容が理解しやすく、頭に入りやすくなります。掛け算九九のように、繰り返し声に出して覚えたものは、長く記憶に残るのです。

意味を求めず素読する

「論語」は日頃耳慣れない「漢文」なので、意味の理解を求めない「素読」にぴったりの題材です。日本語だとわかる単語がありますから、つい意味を考えてしまいますが、聞いたことのない単語や言い回しばかりの「漢文＝論語」なら、意味を理解することまで気がまわらず、読み上げることに専念できます。

さらに、「論語」の文はリズムがよく、読み上げるのが楽しいということです。歯切れのよい表現は、暗唱するのに向いています。

そのうえ、言葉と哲学が一緒に入ってきます。読み上げている時は意味がわからなくても、文は記憶に残っています。成長していくどこかの段階で、何かに拍子にふと「論語」の一節を思い出し、生きていく上で助けやヒントになることがあるかもしれません。

③素読を、親子で続ける

まずは書店へ行って、「論語」の本を手に取ってください。「これだ！」と思った本でもいいし、お子さんに選ばせてもよいと思います。そして大切なのは、お子さんの分とご自分の分の２冊用意することです。

お子さんと論語に取り組むときに大切にして欲しいのは２つです。

１つ目は、「素読」を続けること。

２つ目は「親子で一緒に続けること」です。

①素読で言葉を覚え、暗記力アップ

「素読」は、江戸時代に寺子屋で「論語」を読むときにも活用されていた方法でもあります。まず、大人が読み、お子さんがまねて復唱するのです。字が読めるお子さんであれば、文字を見ながら復唱します。字が読めないお子さんであれば、大人が先に読む音を聞いて、お子さんが真似をします。まず音を意識するのです。

意味がわからず読んでも何の役にも立たないのではないかと思われるかもしれませんが、

そんなことはありません。「素読」には、言葉を覚える、文字や文章に抵抗がなくなる、スムーズに学習に入れる、長く記憶に残る、美しい言葉を覚え文章感覚が身につく、暗記力が増す、など様々な効果があるのです。

さらには、「素読」は、ただ読んでいくだけなので、難しい漢字や言葉が出てきても、そこでつまることがありません。言葉の意味を考えることなく、字面（漢字であればルビ）を読んでいくだけですから。

②耳で覚えるメリット

素読を毎日続けていると、読むという行為に慣れてきます。すると、他の場面で難しい漢字が多い文や難解そうな文章がでてきたときでも、「難しそうだからやめよう」と引いてしまう気持ちが少なくなります。とりあえず読んでみよう、という気持ちになります。それが文字や文章に抵抗がなくなる、ということです。

字面を見ながら論語を素読していくと、漢字の読み方を覚えます。読める、ということはすでに漢字の形は認識しているので、漢字を書く練習のときもスムーズに取り組むことができます。知らない漢字の読みと書きを一度に覚えるより、読み方とだいたいの形がわかっている漢字を覚える方が、はるかに楽だからです。また漢字だけでなく、一度でも発音した言葉は、頭のどこかに残っているので、その言葉が再び出てきたとき、意味は知らなくても「あ、聞いたことある！」となり、その言葉への関心がぐっと増すのです。聞き流さずに、覚えることができます。

そのような覚え方をしたものは、長く記憶に残ります。小学校の時に覚えた掛け算九九が、まさにそうです。「ににんがし、にさんがろく」くりかえしくりかえし、口にした九九は、大人になっても忘れずに覚えていますよね。

③目と耳からインプット、口でアウトプットで理解

さらに論語の素読を続けると、言葉の響きやリズムがつかめてきます。普段自分が使っている言葉とは全く違う種類の言葉を、知らず知らずのうちに覚えていきます。

目で読む黙読と違い、耳からも言葉が入ってくるので、黙読では理解できなかった文章が、声に出して読むことで整理され理解しやすくなります。皆さんも同じような経験があるのではないでしょうか？　私は、取扱説明書や契約書など小難しい熟語がたくさん書いてある文章は、知らず知らずのうちに声に出して読んでいます。すると目で文字を追っている時より、数段頭にはいりやすくなります。言い換えるなら、目と耳の両方から情報が入る感じ、でしょうか。目でインプットしながら、同時に口でアウトプットしている感じ。同

じ情報が違う経路を伝って一度に2回入るのですから、理解にも記憶にも役立ちます。実際、長男は大学入試の受験勉強で、世界史の人物名や用語を何度も何度も大きな声に出して覚えていました。

声を出すと、脳の前頭前野が活性化されて、記憶力や判断力を高めることも期待できます。またセロトニンが分泌され、集中力も増します。このように声に出して読むことには、たくさんの効果があるのです。そして同じ素読をするなら、勉強する意味を始め、多くのことを教えてくれる「論語」は、まさにぴったりだと思うのです。

論語を素読することには、メリットこそあれ、デメリットはないと思います。騙されたと思って、まずは一度、トライされてみてはいかがでしょうか。

第4章

お金をかけずに学ぼう。

想像力を養う〝レゴ〟

「テストでは想像力が必要」とお話ししましたが、お金をかけてお教室などに通わせなくても、身近な素材でも十分に想像力は養えます。中でも私は、レゴと折り紙は「使える」と思っています。

東大生はレゴが好き？

レゴ・ブロック・積み木は、幼児のおもちゃとして大変優れていると思います。表面から見えない内部はどうなっているのか、どの手順で組み立てれば積み上げていけるのか。どのブロックをどう使えばよいのか。説明書も完成予想図もありませんから、頭の中のイメージを形にしていく作業は、「想像力」を養うのにもってこいの玩具です。

東大には有名な「レゴ部」があります。作品の秀逸さから、自主制作だけでなく、様々な企業や団体から依頼されて制作することも多いそうです。

私自身、はじめは「ブロックや積み木ってなんとなくよさそう」と思って子どもに買ったのですが、子ども達がハマってレゴで遊ぶようになっていきました。ですが後で、「幼少期にレゴで遊んだことのある東大生は多い」と聞いて、「やはり！」と思いました。東大レゴ部の学生の「レゴを通して、見えないところも頭でイメージしやすくなった。その想像力は、数学の図形問題を解くときに役に立っていると思う」の言葉で、その思いは確信に変わりました。

レゴ好きに導く方法

子ども達をレゴに夢中にさせるには、２つのコツがあると思っています。

１つは「一緒に作る」ことです。やはり最初は「やってみせて」「一緒にやる」という手順が重要でしょう。

２つ目は、「作品をほめる」です。「何、これ？」というわからない作品でも、幼い子どもは想像力に満ちています。何を作ったのかを聞いて、ほめてあげてください。そうすれば子どもは嬉しくなって自信を持って、どんどん作っていくと思います。自ら作品を創作していく過程で、「想像力」はぐんぐん養われていくことでしょう。

1枚の紙から広がる世界〝折り紙〟

レゴ部と同じくらい、信じられないような素晴らしい作品を制作しているのが、「東京大学大折り紙サークル　Orist」で、こちらはレゴ部より新しく2008年に発足。

細部にわたって精巧につくられた昆虫・恐竜・キャラクターなどは、とても1枚の紙を折ることで作られているとは思えない、神業的な作品です。どうやったら、美しく巧緻な立体作品に仕上がるのか、折りあげた人の頭の構造や手先の器用さはどうなっているのか、と思わずにはいられません。

折り紙が与えるポテンシャル

ブロックと違い、折り紙は平面です。立体としての完成形が想像できなければ、折り始めることすらできません。イメージして折っていかなければ、自分の思う立体には到底たどりつけないでしょう。

我が家の子ども達も、幼少期はよく折り紙で遊んでいました。鶴・紙ふうせん・オルガン・箱・シュリケンなど色々なものを折っていました。保育園で折ったり家庭で一緒に折ったり、折り紙の本を見ながら折ることもありました。そして折り紙がない時は、広告や包装紙などを正方形に切って、折り紙にしていました。そう、なんでもよいのです。わざわざ折り紙を買わなくても、身近にあるいらない紙・何かの裏紙や広告・包装紙などなんでも折り紙になります。

折り紙作りも子どもと一緒に

折り紙作りも、はじめはお子さんと一緒にやってみてください。長方形の紙から正方形を作ることは、大人からすると簡単な作業に思えますが、子どもにとっては難しいものです。これを幼少期にさせていれば、小学校で学習する「正方形の性質」＝四辺の長さがすべて等しく内角が全部直角である、が、感覚として身につきます。

遊びで身につく知識や力は、本当にはかりしれないのです。そのきっかけをぜひ一緒にいる大人が作ってあげてください。

材料は、周りにあるものでいい

身近な材料で作ったサイコロとイカ

長男が小1の頃、厚紙を切ってじょうずにサイコロを作ったことがありました。すごろくで必要になり、自宅になかったので自分で作ったのだと思います。立方体の展開図を学校で習うのは、高学年です。小1ですから、まだ立方体どころか、平面図形も習っていません。その時「上手にできたねえ！」と驚いた記憶があります。

ですが、本当に驚くのは、その後離婚して、小学校に勤務してからです。小6の算数の授業で立方体を学習した時、立方体の展開図をかけない児童が何人もいたのです。「小6でも展開図がかけない人がいるのに、あの時小1で誰にも教わらずにサイコロを作ったのか！」と。長男が小1で作れたのは、サイコロが要るという必要に迫られて、あれこれ考えたり切ったり組み立てたりした結果だったのでしょう。また日頃から、段ボールや雑紙で色々作っていたからこそ、作れたのだと思います。

上の写真の工作物は、長男が小6の夏休みに作った作品です。公園に落ちている枝を骨組みにして、麻ひもをまきつけてつくった「イカ」です。眼に電球をいれ、スイッチを押すと光るように作ってありました。題は「ごきげんイカが」です。あるコンテストで入賞しました。素朴で味があり素敵な作品なので、今も塾の教室に飾ってあります。

特別に道具をそろえたり、玩具を買い与えたりしなくても、子ども達は身近にあるもので十分に遊べます。遊びは自発的なもので、強制されるものではありません。だから楽しいし、ワクワクするのです。そしてその遊びを通して、実は様々な力が育っていくのだと思います。

ニュースを無料教材にする

次の「身の周りにある教材」は、ニュースです。

中学の地理で初めに習う「世界の姿」を学習し終わった中学生に聞きました。「6大陸ってどこ?」「アメリカ大陸、アフリカ大陸、パキスタン大陸……」「え???」びっくりしながらも、「でも、まあパキスタンという国名を知っていただけでも、よしとするか」と気を取り直して、続けます。「じゃ、フランスの首都はどこ?」「イタリア」「いやそれ国名だし」とまあ、こんな感じなのです。

生徒達がいかに世界のことを知らないか、驚くことの連続です。国名も首都も場所なども、全く知らない生徒もいます。グローバル化が進み、インターネットで瞬時に世界が繋がり、地球の裏側で起こっていることをリアルタイムで知ることができる現代において、です。多くの生徒はスマホを持っていて、調べれば世界のできごとがすぐにわかる状況にいるのに、です。日本のことでもそうです。「佐賀県は東北地方」と答えたり、「関東平野」を「かんとうひらの」と読んだり、です。生徒達は勉強をしていないわけではありません。学校で習うだけでなく、塾で私も教えています。でも、県の名前も国の名前も知らない、あるいは右から左に流れていき、聞いたそばから忘れてしまうのです。どうしたらよいのでしょうか。

ニュースは無料!

理科や社会ができるようになりたいなら、成績を上げたいなら、机にかじりついて問題集を解くばかりではなく、毎日ニュースに触れることをお勧めします。

この原稿を書いている現在は、連日ロシアとウクライナの戦争が報道されています。まずは「ウクライナってどこにあるんだろうね?」とお子さんに尋ねてみてください。お子さんが小学生なら、親子で地図を見てみましょう。場所を確認し、近くにどんな国があるのか調べたり、国旗を調べたりするのもよいですね。年齢や興味関心によって疑問に思うことは様々でしょうが、話題はいくらでもあります。ニュースに触れていれば、子どもなりにも思うことは、色々あるのではないでしょうか。

毎日、触れさせる

テレビでもネットでも、子ども新聞でも構いません。とにかく「触れること」が大切です。ご飯を食べながらでもいいのです。まずはお子さんと一緒に、世の中や世界のことを知るようにしてください。そして、お子さんが少しでも興味をもつような声かけを心がけてください。

例えば、日本国憲法の前文に「恒久の平和を念願し」とあります。「恒久」と「永久」と「永遠」。意味も漢字も似ていますが、テストでは「恒久」でなければ不正解です。憲法に書かれている文言だからです。「恒久的に」という言葉、日常的には聞きなれませんが、ニュースでは使われます。

日頃からニュースに触れることによって、教科書に書いてある難しそうな単語も、聞き覚えのある言葉に代わるのです。するとぐっと定着が早くなり、理解も進みます。

もっとある、ニュースのメリット

社会科に限りません。例えば、台風のニュースであれば、台風の時の天気図は晴れた日とどう違うのか、台風が発生するのはどんな気象条件なのか、どんな進路でどう消滅していくのかに触れられます。すべて中2の理科で習うことです。

天気が苦手な生徒は少なくありません。もし日頃から、天気図を使って解説する天気予報をニュースとセットで見ていれば、天気図と実際の天気の関係がおのずと理解できるようになるのではないでしょうか。例えば「西高東低」は典型的な冬型の天気図で、中学のテストでは必出問題です。毎日天気図を見て解説を聞いていれば、テストで天気図が出ても楽勝ですよね。

けれども、触れるだけではダメ

注意していただきたいのは、意識を持って見ることが大切だ、ということです。ただ漫然と眺めていても、何も頭には入ってこないでしょう。「これは何？」「どうなっているの？」という疑問を持ちながらニュースや天気予報を見れば、わからないことを調べようという気持ちも湧いてくるでしょう。

低学年のお子さんであれば、保護者の方が聞いてみてもよいですね。自分で疑問に思ったり調べたりして得た知識は、忘れないものです。人から聞いた知識は、すぐに忘れてしまったとしても、です。ニュースでは日頃使わない表現が出てくるので、語彙力も増えますし、知識も増えていきます。

毎日、ニュースと天気予報に触れさせてあげてください。そうすれば、学校で習っていることと、自分達の生活がつながっていることに気づくでしょう。

それに気がつけば、学校で習っていることに興味がわくかもしれません。興味がわけば、しめたものです。もし興味がわかなかったとしても、習っていることが理解しやすくなります。ニュースや天気予報から得るもの、身につく力は計り知れないのです。毎日ニュースに触れる、という日々の積み重ねが、理科や社会の基礎力作りにつながります。

自然は最高の教材になる

自然に触れることは、都会ではなかなか難しいかもしれませんが、公園や土手には出かけられないでしょうか。何も高い料金を支払ってどこかの幼児教室に通わせなくても、野外は素晴らしい教材であふれています。
実際に自分の目で見て、手で触れて、においをかぐ。嗅覚・視覚・聴覚・触覚・味覚の五感で季節を感じることができます。春なら例えばつくしを摘むと手に緑の粉がつきますが、それはシダ植物の胞子です。理科の知識も身につけることができます。

自然の中で生きた学びを

季節感を養うことは、実はテストでも役に立つのです。「セイヨウタンポポは日当たりのよい乾いた場所で生育し、オオイヌノフグリは日当たりがよく湿った場所で生育する」。これは中1の理科で学習する内容です。公園で触れていれば、自ずと理解できるでしょう。つつじの蜜を吸ったことがあれば、つつじの花びらが根元でつながっていることを知りますから、中1で、つつじが合弁花であることを習ったときに「ああ、そういえば、つつじって花びらがつながっていたな」となるでしょう。「合弁花」は、中学3年間で繰り返しテストに出される重要な単語です。

また社会のテストで「桃の節句」の時期を問う問題が出たことがあるのですが、知らない中学生が多くて驚きました。「桃の節句」がひな祭りであることや、桃の花がいつ咲くかということを知らないのです。さらに古文の随筆や和歌においては、季節感がないと文章や和歌の意味を読み取ることは、かなり難しくなるでしょう。

我が家の場合

長男・次男は1歳から、長女は0歳から保育園に通っていました。「心身ともに健康な子」をめざし「自然の中で心を開放し、全身を使いきって遊びこむ」ことを大切にしている保育園で、毎日外で遊びころげ、お散歩や土いじりをすることによって季節感を肌で感じ5年あるいは6年間を過ごしました。それが心身の成長に役立っていたのだろうなあと思っています。

公園は最高の塾、体感しよう

シーソーから学べること

体重に大きな差がある人とシーソーで遊ぶ時、2人とも端の方にすわると、重い人の方が下がりっぱなしでシーソーは動きません。そんな時、軽い人が板の端の方に、重い人が中心に近い方に座ると、うまく釣り合って遊べたという経験はありませんか？　この動きには、「てこ」の原理が使われていることはお分かりかと思います。

では、その遊びが学習とどう関係してくるのでしょうか。

例えば、「支点から5センチのところにおもりを3つ下げ、もう片方は3センチのところに同じおもりをいくつさげれば釣り合いますか？」

答えは5です。5×3＝15　15÷3＝5　これはまさに、シーソーの釣り合いと同じなのです。「支点からの距離×重さ」が一緒なら釣り合うのです。幼少期にシーソーで遊んだことがある人は、この計算式が感覚的にすぐわかるようです。

ブランコも教材になる

小5で習う「ふりこ」で出題される問題は、「ふりこの長さと速さの関係はどなっていますか？」」です。

答えは、「ふりこの長さが短ければ速くなる」です。そして、「ブランコのチェーンを短くして漕ぐと、速くなる」ことを経験していれば、難なくわかる問題です。

だからといって、遊びながら「これはてこの原理か」なんて考える必要は全くありません。遊ぶときは遊びに熱中する。そして後に勉強で出てきたとき「そういえば、これってシーソーやブランコと同じだな」と思いだせたなら、理解が早いということです。

シーソーやブランコなど遊具で遊ばせる時は、子どもの安全に十分注意をして見守ってください。

第5章

小さなことの積み重ねが、大きな差になる。

暮らしの中のなぜ？がチャンス

ここでは、「え、そんなことで？」と思われることをお伝えします。小さいことの積み重ねが、最後に大きな結果につながることを知ってほしいからです。その1つが、「なぜ？」と疑問に思う気持ちとその気持ちをどうするかです。

暑い日に外から帰ってきたお子さんが、冷蔵庫から麦茶のポットを出し、コップについで飲むことがあるでしょう。すると、コップに水滴がつきます。それを見て、「なぜコップに水滴がつくのかな？」そう聞いてきたことがありますか？　あるいは寒い冬の朝、窓を見るとびっしり結露がついています。「あたたかい季節だとつかないのに、冬になると結露がつくのはなぜ？」そんな風に、お子さんが聞いてきたら、チャンスです！　一緒にその謎を考えてください。お子さんが聞いて来なかったら、おうちの方が窓やコップを見ながらお子さんに尋ねてみてもいいですよね。

水滴がつく理由を日常生活の中で話せたら、自然と理科や科学への興味が湧いてくるでしょうし、知識も増えていきます。他にも、こんなことがあるでしょう。

・西の空が暗いと、天気が悪くなるのはなぜ？
・冬、太平洋側は晴天が続くのに、日本海側では雪が降るのはなぜ？
・虹がでるのはどんな時？

日々の暮らしでおこる様々なことは、理科や社会で習うことと結びついています。教科書に書いてあることをすべて丸暗記するのは大変です。テストのための単なる「お勉強」は楽しくないし、なかなか覚えることができません。それに比べて、幼い頃からおうちの方が、「西の空が暗いから、これから天気が悪くなるよ」「夕焼けがきれいだから、明日は晴れるね」などと、折に触れ話しかけながら、時には「なんでかな？」と一緒に考えたり調べたりして身についた知識は、一生ものです。それは、生活に根付いた生きた知識だからです。

すぐ調べるかどうかで、差がつく

お盆で親戚が集まっていた時のことです。話をしていてわからない言葉が出てきて気になったのでいつものように、その場でスマホを使って調べました。その姿を見て、「勉強ができる人達って、そうやってすぐに調べるんだね。ここが私と違うんだ」と妹が言ったのです。その言葉を聞いて、「えっ？」と思いました。わからないことができたらすぐに調べるのは当たり前のことだと思っていたからです。また私は子ども達と違って、高校の成績はあまり良くありませんでしたし。

ですから、妹の言葉を聞くまで、わからないことを調べるという行動は、仕事上での癖だと思っていたのです。生徒に質問された時に、自分の中に少しでも疑問があったら、すぐに調べているからです。それを「勉強ができる人の行動」と言われたことが強く頭に残ったので、「調べる」行動について、生徒達の様子を注視してみました。

すぐ調べる子の成績は、いい

するとﾠ確かにそうなのです。成績の良い生徒は、疑問に思ったら、すぐに行動をおこしているのです。逆に、成績が芳しくない生徒は、できなかった問題は赤で答を写して終わり、なのです。間違えた理由を検証しません。答えを丸写しするだけ。それでは、同じ問題をまた間違えるでしょうし、新しい知識は獲得できません。大切なのは、疑問を放置しないことです。わからないことを、わからないままにしておかないこと、なのです。

さらには、タイミングも重要です。疑問に感じた「その時」にすぐ解決することがポイントだと思います。「後で調べよう」と思っていると、そのことがらを忘れてしまいがちだからです。

勉強ができる子どもは、人に聞かない、自分で調べる

もう1つ、気をつけてほしいこと、それは、わからないことがあった時に、「すぐ人に聞くのか」、「とりあえず自力で何とかしようとするのか」ということです。

どちらの行動をとるかで、結果に大きな違いがでます。なぜなら「すぐ人に聞く」とい

うことは、「自分で考えよう」「自分でなんとかしよう」としていない、ということだからです。そうなのです。勉強ができる子達は、まず、自分で調べて、自力で解決しようとするのです。「自分で調べる」ことが当たり前になっているのです。

まずは、自分で考える。ヒントになることがどこかに書いてないか、問題をよく読んでみる。そしてわからなければ教科書などで調べる、確かめる。それでも解決しなければ、誰かに聞く。当たり前のようですが、このようにする生徒は意外に少ないのです。そして日々のこの小さな差が、積もり積もって成績に繋がっているのです。

実際、自力で解決しようとは全く思いもしないで安易に人に聞く生徒達は、成績もよくないです。問題を見てわからないと思ったら、何も考えずに人に聞くのですから。「自分で」解決しようとしなければ、知識は自分のものになりません。

では、自力で解決しようとする子に育てるにはどうしたらよいのでしょう。

あえて、答えを教えない

勉強だけでなく、生活の中で何かを尋ねられた時、すぐに答えを教えないでほしいのです。「○○で調べたらわかるんじゃないかな」と手立てを示してあげましょう。幼いお子さんなら、一緒に図書館に行って調べたりネットで調べたりしてもよいですよね。答えを知るための方法や手段がわかれば、子どもは自分で調べるようになっていくからです。

そして時期も大事です。「答えを聞いた方が、手っ取り早い」「調べるのは面倒だ」という気持が芽生える前の、何にでも興味を示し好奇心にあふれている年代のときに、ぜひ一緒に調べたり考えたりしてください。もしお子さんが「面倒だ」と億劫に感じる年頃になっていたとしても、答えを教えないでください。人から聞いた知識はその場限りで、右から左へ流れていってしまうことが多いからです。

周りの大人は、答えではなく、答えを知るための手立てや方法を示してください。

それが、子どもの力を育てていく助けになるのだと思います。

答えは、消さないで

入塾したての生徒達は、答え合わせをしていて間違いがあると、すぐ答えを消しゴムで消します。間違いを消して、正解を鉛筆で書き、赤丸をつけるのです。そんな時、

「間違いは消さないで、そのままにしてね。間違えた答えの横に、正解を赤で書き、なぜ間違えたかも書こうね。自分の答えを消してしまうと、どこが間違ったのか、なぜ間違えたのか、後でわからなくなってしまうから、消さないでそのまま残しておこう」と話します。毎回毎回、そう声をかけるので、私の教室の生徒達は、そのうちに答え合わせの時に消しゴムを使わなくなります。

子ども達は、なぜすぐに消しゴムで消したがるのでしょう。間違いをなかったことにしたいのでしょうか。全部に「○」を付けた上で、ノートいっぱいの「花丸」が欲しいのでしょうか。

間違いは、進歩の始まり

常日頃、生徒達に、「できなかったことをできるようにすることが勉強だよ。わからなかったことがわかるようになって、勉強したということになるんだよ。はじめから全部できるんだったら、勉強する必要ないよね」と言っています。間違えることは、恥ずかしいことではありません。間違えた、ということは、そこがわかっていないということです。つまり、自分が取り組むべき課題がわかった、ということなのです。間違えた理由を自分なりに考え、修正していくから、進歩があるのです。

それなのに、間違いを消してしまって正解を書き、「〇」をつけてしまったらどうでしょう。後で見た時に、どこが間違えたのかわからなくなってしまいます。つまり自分が取り組むべき課題がわからなくなってしまうのです。

間違いは宝です。できるようになっていくために、なくてはならないものです。間違いをなかったことにして、全部「〇」にすることに、何の意味があるのでしょう。

小2の答案用紙の例をお話しします。算数の文章題で、ある生徒の答案には式が書いてありません。もう1人の生徒の答案では、書いた式をわざわざ消しています。「なぜ、式を消したの？」と尋ねると、「答を書くところに、『式』と書いてなかったから」という返答。びっくりしました。小学校では、「文章題では、式をかくように」と習っていないのでしょうか。

この例に限らず、小学生は、式を書かずに答えだけ書く生徒がたくさんいます。算数・数学では、「どうやって答えにたどり着いたのかを示す式」が大切なのに。なぜかと言うと、式を見ればどう考えたのかの道筋が、自分も相手（指導者や採点者）にもわかるからなのです。

消さないメリット

大学入試や高校の定期テストでは、答えまでたどり着けなくても、あるいは途中で計算間違えをしてしまって解答の値が違っていても、考え方（つまり途中式）が合っていれば、部分点がもらえます。

もちろん、計算間違いをしないで正解にたどりつくことは大切です。正確な計算力は、算数・数学に不可欠な力です。ですが、「どう考えたか」という道筋こそが1番重要なポイントで、算数・数学では「式」がその考え方を表わすものなのです。式なくして答えはあり得ません。答えだけだと、解いた人の考え方はわからないからです。もしかしたら、「隣の人の答案を見たのかも」と疑われてしまうかもしれません。それなのに、式を書かずに答えだけ書く、あるいは書いた式をわざわざ消してしまう生徒がたくさんいるのです。なぜ、小学校で算数を習う最初から「式をたてる」ことの大切さを伝えないのか不思議でなりません。頭の中で考えたことを、文字や式に表わすという作業は、とても大切なことです。

式を書くことで、生徒自身は、後で見た時に自分の考え方やミスしたところがわかります。指導者や採点者が途中式を見れば、どのような思考でその答えに至ったのかがわかります。もし間違っていたら、どこでつまずいたのかがわかるので、その人にあわせた適切な指導をすることができます。掛け算を間違えたのか、引き算を間違えたのか、そもそも考え方が違っているのか。式さえ書いてあれば「どう考えたの？」と生徒に聞かなくても、ピンポイントで指導をすることができます。

このように生徒本人にとっても、指導者にとっても「消さない」ことで得られるメリットは大きいのです。さらに勉強に限らず「自分の間違いを認める」ことはあらゆる場面において大切なことだと思います。間違いをなかったことにしない、間違いを直視してそれを修正し改善できるから、ステップアップできるのです。

なんでもすぐ消しゴムで消してしまわない。そのことを、理由も含めてお子さんに伝えていただけたら、と思います。

「＝」を最初から正しく使う大切さ

そしてもう1つ、はじめからきちんとやっていただきたいことがあります。それは、「＝」の意味を理解することと、「＝」を使った式の書き方です。

「＝」の意味を正しく理解する

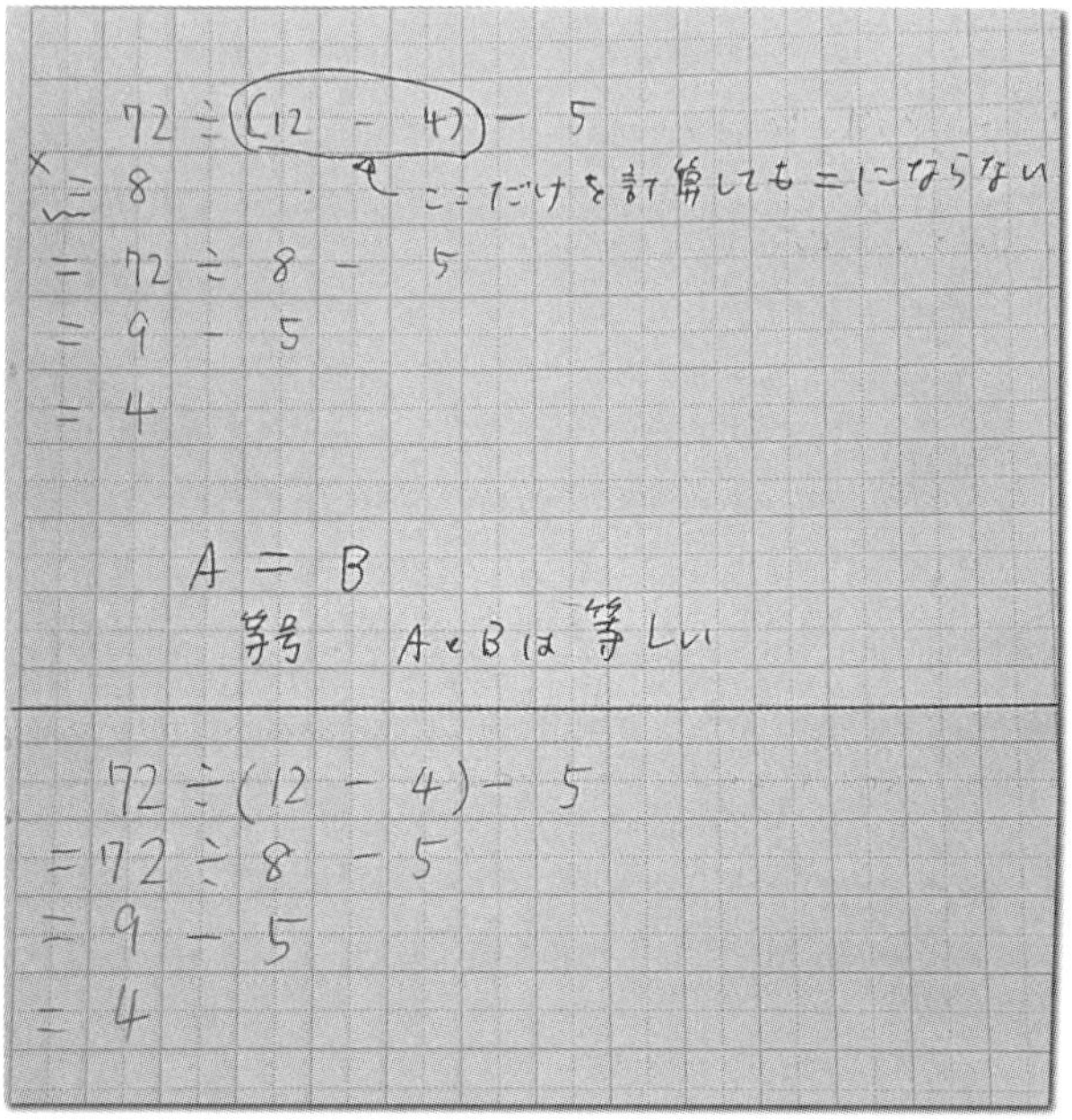
72 ÷ (12 − 4) − 5
= 8
ここだけを計算しても＝にならない
= 72 ÷ 8 − 5
= 9 − 5
= 4
A = B
等号　AとBは等しい
72 ÷ (12 − 4) − 5
= 72 ÷ 8 − 5
= 9 − 5
= 4

この写真の上の式のように、途中計算だけを「＝」でつなぐ小学生はたくさんいます。途中の計算は、左右が等しくありませんから、本当は「＝」ではつなげません。

「＝（等号）」は、名前の通りに、「等号の左右が等しい」ことを示しています。ですが、ほとんどの小学生は、「等号とは左右が等しいことを表わす記号である」ということを認識していない（習っていない？）のです。「＝」は、単に「計算をつなぐ記号」だと思っているようです。なので、左右が等しくなくても、計算した順にどんどんつないでいってしまうのです。

　この「＝」の意味を正しく知ることは、全ての科目に関係していくと私は思っています。ちなみに、正しくは写真の下の答案のように書きます。

「＝」が正解に繋がる

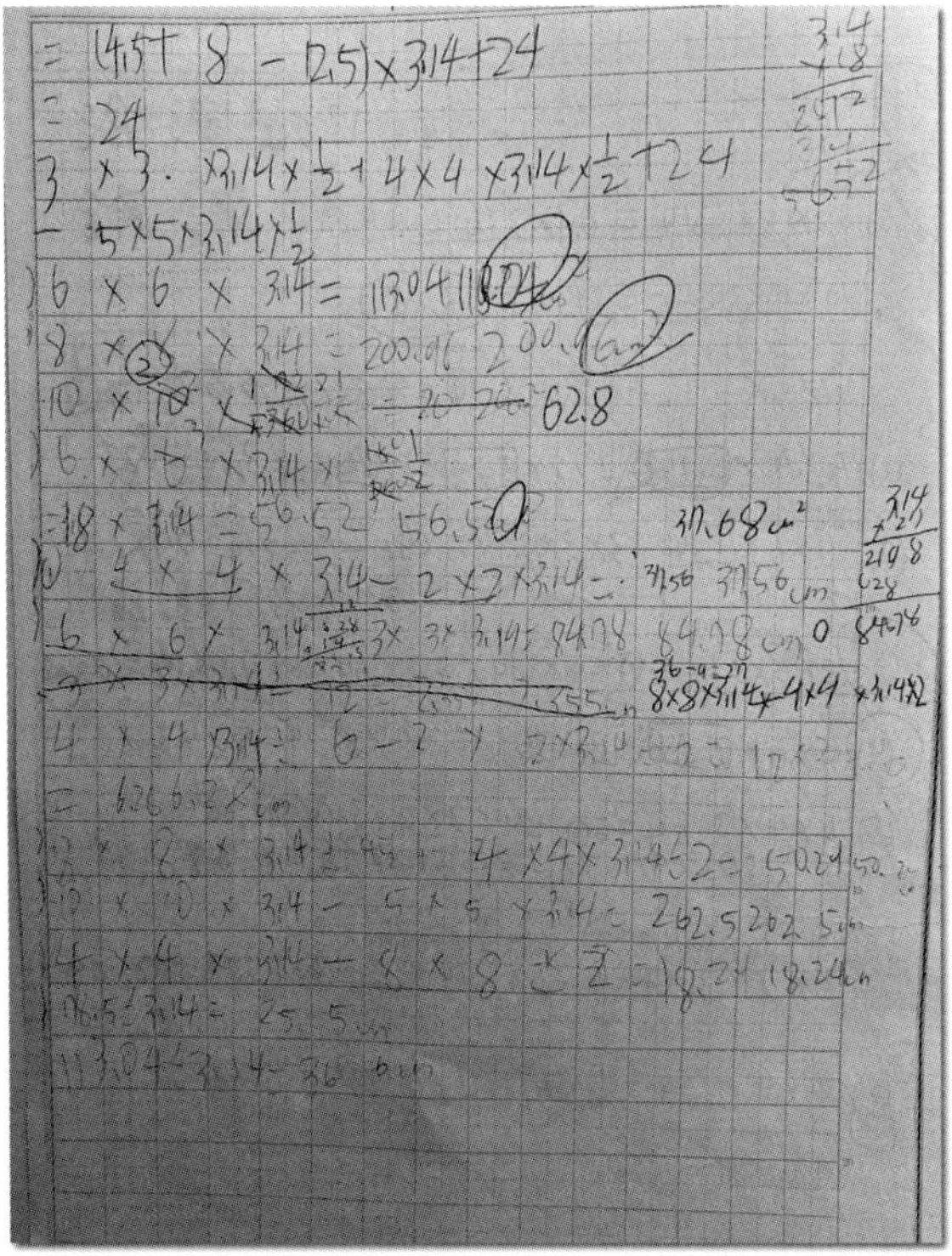

上の写真はある小６の生徒のノートです。どこまでが１つの式なのか、どこで答えが出ているのか、さっぱりわかりません。「＝」がそろっていなくて横につなげてしまっていること、問題と問題のあいだに隙間がないことなどで、見にくいノートになってしまっています。筆算もあちこちにしてあるので、これではどれが答えなのか計算なのかもわかりません。

P125

B〔(5) $(4 \times 4 \times 3.14 - 2 \times 2 \times 3.14) \times \frac{60}{360}$

$= (16 - 4) \times 3.14 \times \frac{1}{6}$

$= 12 \times 3.14 \times \frac{1}{6}$

$= 6.28$

(6) $4 \times 4 \times 3.14 \times \frac{60}{360} + 8 \times 8 \times 3.14 \times \frac{45}{360}$

$= 18 + \times 3.14$

$= 50.24$

$\begin{array}{r} 3.14 \\ \times\ 25 \\ \hline 1570 \\ 628 \\ \hline 78.50 \end{array}$

H (1) $10 \times 10 - 5 \times 5 \times 3.14$

$= 100 - 25 \times 3.14$

$= 100 - 78.5$

$= 21.5$

P131

I (1) $4 \times 3.14 \times 2$

$= 4 \times 2 \times 3.14$

$= 8 \times 3.14$

$= 25.12$

$\begin{array}{r} 3.14 \\ \times\ \ 8 \\ \hline 25.12 \end{array}$

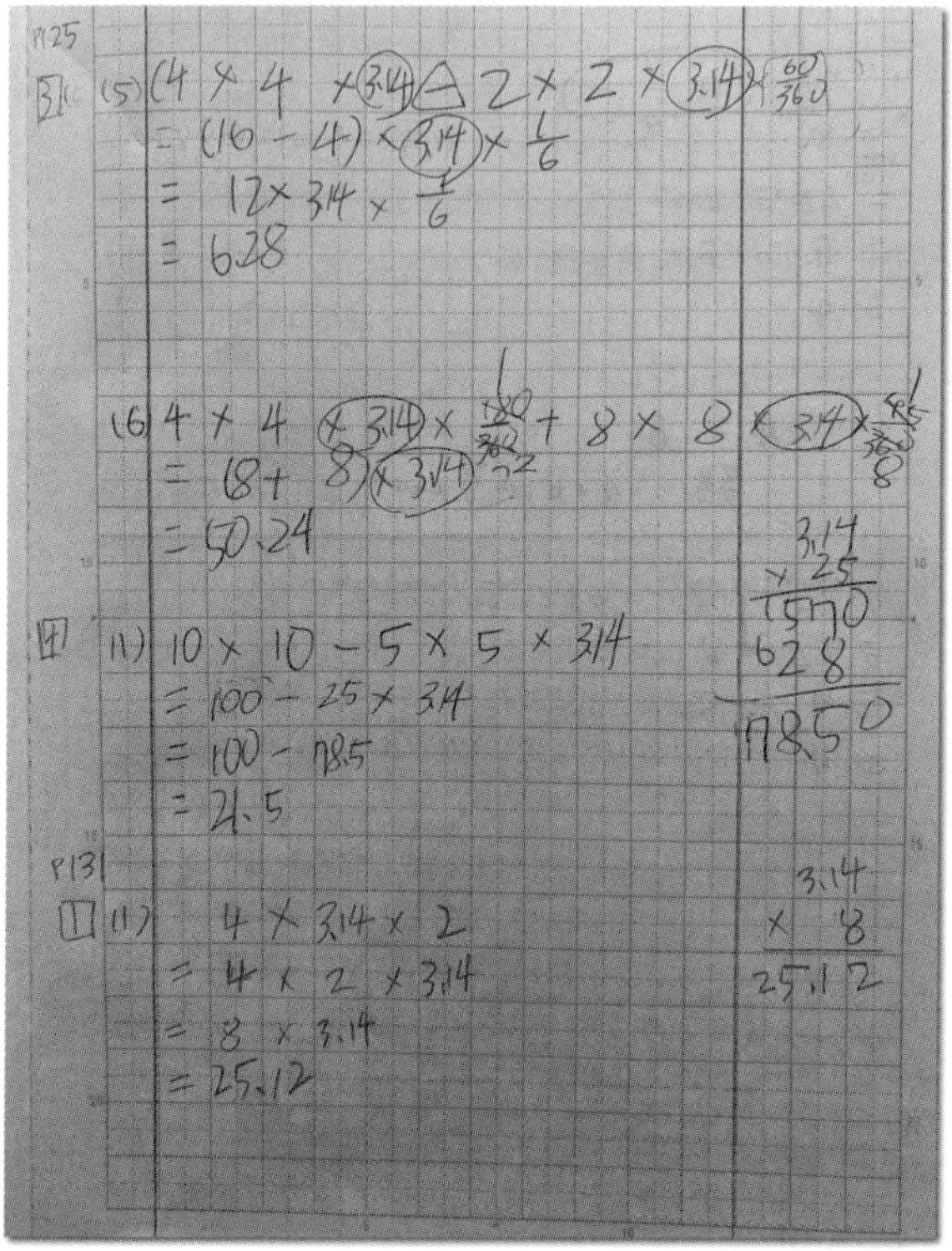

上の写真は、同じ生徒のものですが、ノート指導をした後です。

まず、筆算スペースを式とは違う場所に作っています。分けることで、本来の式と答えが見やすくなります。また、ページや問題番号を左に書いています。実はこれすら書いていない生徒が多いので、答え合わせの時にノートのどこにやったのかが自分でわからず、あちこち探すことになることが多いのです。

「＝」をそろえて計算していくと、後で見た時にどんな計算をしていったのかを自分で思い出すことができることが一目瞭然です。

124

事例　2人の息子のノート

我が家では小学校低学年の頃から、数式は「＝」をそろえるようにさせてきました。例えばこの写真は、次男が小6の時のノートです。

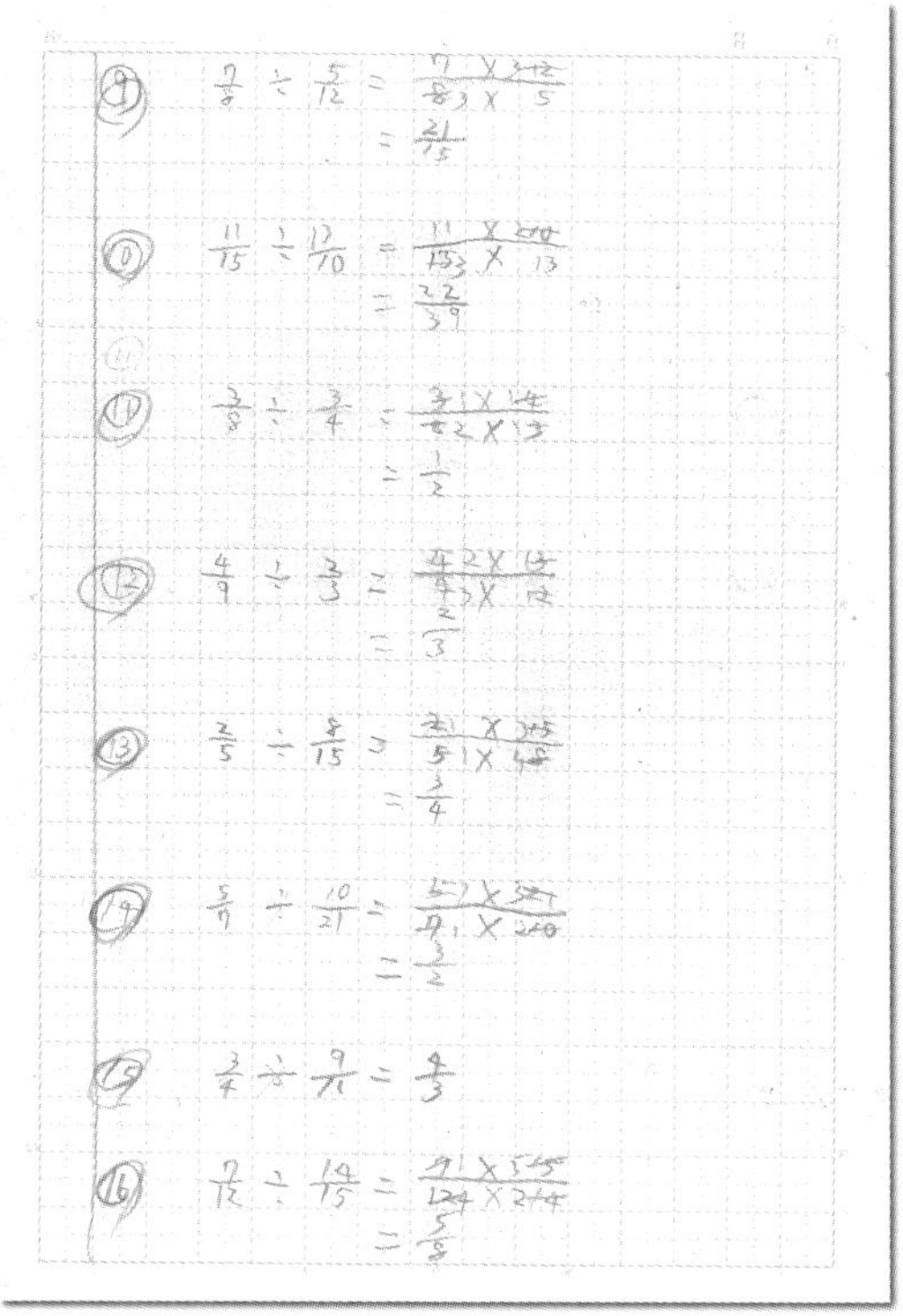

分数の割り算ですが、「＝」が縦にそろっていて、適度なスペースがあります。十分なスペースがあることで、計算間違いを防ぐことができますし、見直しも楽にできます。狭いスペースにゴチャゴチャと書いていると、どうしても計算違いをしやすいですし、見直しもままなりません。さらにこのようなノートだと、間違えた時にどこで間違えたの

かを見つけやすいのです。この計算の場合ですと、約分ミスなのか、かけ算ミスなのか、そもそも逆数にしていないのか、ということが一日でわかります。これが、123ページのノートのように、びっしりかきこんであったら、見直す気持ちが失せるし、間違いを発見しづらいでしょう。

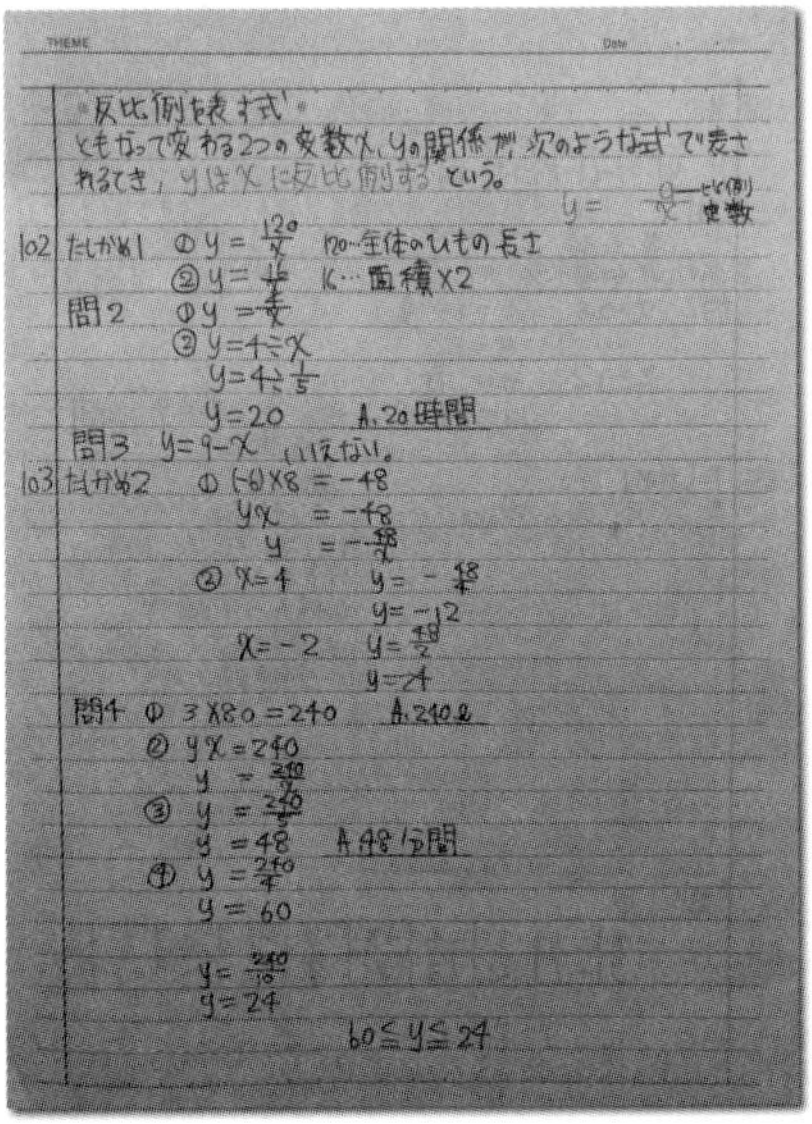

次は長男のノートで、上が中1、下が高1の時のものです。

いずれも「＝」が縦にそろっていて、スペースがあります。間違えたときに書き直したり、重要なことを書いたりするスペースもあります。下のノートのように、高校数学では式をどんどん変形させて式が長くなりますから、「＝」をそろえて書いていかないと、何がなんだかわからなくなってしまうのはおわかりかと思います。

「＝」を、子どもの頃から身につけさせる

このように、きちんと式を書くことは、正解に繋がるとても重要ポイントです。ピアノでもスキーでも、我流で間違った型が身についてしまってから正しい型に修正するのは大変です。身体にしみ込んだ癖を、一度ゼロにしてから、新たな型を覚えなくてはいけないからです。時間と根気が必要です。ですが、はじめから正しい型を学んで身につけていれば、そんな無駄は最初から省けます。

「はじめが肝心」といいますが、本当にそうだなあと思います。

段取り力は料理でつける

テストで重要な「段取り力」を料理でつける。それが東大合格につながるかも、と言ったら、不思議に思われるかもしれません。

料理をするとき、まずメニューを考えますね。これが「段取り力」の始まりです。

そして次が、材料の買い物。一定の時間と予算内に買い物をすることが、大切です。

そして次は、調理です。予定した食事時間までにすべての料理を仕上げるためにも段取り力が必要になります。ガスが2台か1台かでも手順は変わるはずです。ジャガイモなどの火が通りにくい素材を先に料理する、合わせ調味料が必要なら前もって合わせておく、など、どの順番で料理を進めるのがよいか、それぞれどれくらい時間がかかるか、を前もって考えないといけないということはおわかりかと思います。

レシピを見ながら作るなら、文字で書いてある手順を具体的にイメージしながら作業する必要性も出てきます。お湯が沸騰するときの水の変化の様子がわからなければ、どのタイミングで素材を入れないといけないかがわかりませんし、調理台を整理しないと作業がはかどらないから、使った調理器具や材料を片付けながら進めないといけないし、最後に冷やすものは先に作らねばなりません。

試験も料理も、時間配分が結果を決める

ここまでは「そうだなあ」と納得されるかと思います。でも、段取り力がどう「東大合格」と結びつくのかが疑問でしょう。答えは時間配分です。東大の入試問題は、処理能力が問われる問題が多いのです。ぐずぐずしていては、最後まで問題を解ききれません。自分が解ける問題か捨てる問題かを見極め、解く順番や解答の方針を限られた時間で判断し、サクサクと答えていかなければ、試験時間はあっという間に終わってしまいます。限られた時間内に、いかに失点を減らし点数を稼ぐか。その突破口となる「段取り力」は、料理でつけることができるのです。

料理でつく力は「段取り力」だけではありません。

例えば調味料を用意するためには、人数分をかけたり割ったりしなければなりませんので、割合や比を使う力も必要になってきます。

家で全くお手伝いをしていない生徒さんに初めて「比」を教えるとき、本当に苦労します。比のイメージがわかないので「何対何って、どういうこと??」となるのです。家庭で

めんつゆやカルピスを作ったことがあれば、比のイメージが湧くので「何対何」という言葉はすっと理解できます。ですから問題も、すぐに解けるのです。

さらに、買い物に行けば、旬の野菜や産地がわかります。夏野菜であるピーマンやなすを冬に出荷する「促成栽培」は、社会での必出問題ですが、そもそもピーマンが夏野菜だと知らないと話になりません。

合格させたかったら、家の手伝いをさせよう

我が家は、母子家庭期間が長かったこともあり、トイレ・お風呂掃除・食器洗いは、子ども達が幼い頃から曜日別当番制でした。食事作りは、普段は私がしていましたが、講習など朝から晩まで授業が詰まっている時は、子ども達が家事を担当していました。そのため、3人とも料理はかなりの腕前です。小3の時には1人でカレーライスを作り、高校生の時には3人とも、ホワイトシチューをルウから作れました。

毎年、私の誕生日には、長女が夕食を作ってくれます。写真は高校生の時に作ってくれたものです。メニューを自分で考え、自分のお小遣いで買い物をして、全ての料理を1人で作ります。写真の年は、魚ムニエル、アスパラガスのグラタン、タケノコのスフレ、サラダ、ケーキと季節感満載。ケーキはスポンジから焼いて、デコレーションしてくれました。

「勉強が1番大事だから」「余計に時間がかかるから」と手伝いをさせない保護者は多いのですが、それでは逆に合格から遠ざけているかもしれないことを知っていただきたいのです。段取り力は、つけようとしても一朝一夕ではなかなか難しいです。ですが、毎日の家事を継続して手伝うことで、つけていくことができるのです。

自分基準を上げる

生徒がよく口にする中に、気になる言葉があります。それは、「俺にしては、よくできたと思わん?」です。「ああ、自分基準を下げているなあ」と思います。「俺ができるのは、せいぜいこんなもん」と、自分で自分の評価を下げているからこそ出てくる言葉だからです。

ハードルを下げてしまえば、特に努力もしないですみますから、確かに楽でしょう。でも、そこに向上や進歩はありません。「自分はせいぜい、これくらい」と、自分で自分の基準を下げてしまうと、それ以上伸びることができないのです。

ハッキリと言います。自分基準を上げましょう。自分基準とは、自分が自分に対して持っている「これくらいはできて普通」という基準です。例えば、漢字のテストで「自分は5割くらいなら書ける」と思ったら、それが「自分基準」です。その「5割くらい」を、「8割は書けるはず！」と上げるのです。基準＝スタンダードですから、目標というよりは、「できて当たり前の最低ライン」と言った方がよいかもしれません。まず自分基準を上げて、その基準をクリアできるように努力しましょう。

自分基準は高めに設定する

自分基準は、今できることより少し高めに設定します。例えば、中学数学のテストで「自分なら、100点を取って当たり前！」と決めます。ハードルが高すぎると思うかもしれませんが、中学数学は他の科目に比べると満点が取りやすい科目なのです。まずは解く方法をしっかり理解して、その後に十分な演習を積み、定着しさえすれば、「テストはできて当たり前」になります。「満点を取るぞ！」と決めれば、おのずと気合いも入りますし、テスト前の準備だけでなく、本番での集中力も違ってきます。

今できなくてもいい。次にできればいい

１００点を逃してしまっても「やはり自分には無理」と落ち込まないでください。まずは、どこをどう間違えたのかを確認しましょう。そして何を失敗したか分析します。問題の読み落としなのか、方針が違ったのか、計算間違いなのか。そして、次にどうすればよいのかを考えるのです。もし間違えた原因が計算間違いならば、基礎計算の練習をたくさんして、次は間違えないように精度を上げればいいのです。

目標を「80点以上」と自分に甘い基準に設定すると「80点取れたからいいや」と現状に満足してしまいます。思い切って「自分は１００点を取って当たり前！」という基準にするのです。そして、毎回、答案が返却されたら分析して、次の戦略を立てるのです。その繰り返しは、必ず結果となって表れてきます。「これくらいでいいや」と思っていたら、その上には進めません。

ただ、これはあくまでも「本人が自分で決める自分基準」です。保護者がお子さんに高

い基準を要求するのは、プレッシャーになるだけなので良くないと思います。周りから高い基準を要求されたら、お子さんはストレスを感じるかもしれません。あるいは反発して、意欲がなくなってしまうかもしれません。

自分基準のあげ方3つ

ではどうしたら、お子さんが自分で自分基準を上げられるのでしょうか。保護者ができることは何でしょうか。

私は、3つの方法があると考えています。

①自己効力感を高める

1つ目は、「お子さんの自己効力感を高めてあげること」です。「自己効力感」とは、自分の力を信じ、自分なら課題を克服できるという意欲や自信のことです。「自分はできそうだ！」と思える気持ちです。

そのために、保護者はお子さんを励ましたり褒めたりしてあげてください。「あなたならできるよ」と信じて励まし、「よくがんばったね」と努力の過程を認めてあげるのです。このような声かけが、お子さんの自信や意欲に繋がっていきます。

②成功体験を積ませる

２つ目は、小さな成功体験を重ねさせることです。成功体験は自信になります。もし頑張っても結果が出なかった場合は、その努力の過程を褒めてください。努力を褒めることは、スモールステップごとの壁を乗り越える体験を支援していることになるのです。褒められることが「やればできるんだ！」という自信に繋がっていきます。

また他者の行動・努力・成功の様子を見せることも有効です。身近な人が頑張って成功している様子を見れば、「頑張ればあんな風になれるんだ！」と思い、そう思えたら、自分も、と前向きになるでしょう。ですから、お子さんがモデルにしたいと思えるような人が周りにいる環境に入れてあげるとよいと思います。

③保護者も、自分基準を上げる

周囲の人をモデルにすることが有効と話しましたが、その「周囲の人」の一員として、保護者も例外ではありません。ですから、３つ目は、「保護者が自分基準を上げる」ことになります。

もっとも身近な保護者の存在は、子どもにはとても大きいものです。まずは保護者が自分基準を上げ、その基準を達成できるように取り組む姿を見せる。そんな保護者を見ることは、少なからずお子さんの刺激になるでしょう。

お子さんの良いお手本になることが、自分自身の向上にもつながる。そうなったら、一挙両得ですよね。

入試突破に大切なのは、ブレないこと

入試を突破するためにとても重要なのは、本人も周りも「ブレない」ことです。勉強方法や内容は、進捗状況に合わせて修正していけばよいのですが、志望校は「ここ」と決めたら、安易に変えない方がよいと思います。「ブレないことの大切さ」を再確認するできごとがありましたので、ご紹介します。

塾の生徒達が出場するので、中学生のハンドボール県大会の応援に行きました。相手は全国大会出場を狙う強豪チーム。生徒達のチームは奮闘していましたが、残念ながら及びませんでした。観戦して痛感したのは、「攻撃に迷いがあるかないか」が相手チームとの決定的な違いだ、ということでした。相手チームは、ボールを持つと一瞬の迷いもなく的確

なパスを出し、速攻でシュートに持ち込んでいたのに、生徒達のチームは、パスもシュートも攻め方も、迷って遅れる場面が何度かありました。「攻め方を決めたら、ブレない、迷わない」ということが、試合の結果を左右する大きなポイントだと感じました。

このことは、入試においても同様に大変重要です。我が家の場合、３人ともかなり早い段階で「東大受験」を決め、受験までブレませんでした。

長男の場合

高１の終わり頃には東大受験を決めていました。私立大学を受験すると気力・体力が必要になりますし、お金も時間も無駄になるからと、受験したのは東大１本でした。他大学を受けませんから、受験勉強は東大の二次試験だけに照準を合わせていました。私立大学を受けようと思ったら、その大学がたとえ滑り止めだとしても、赤本・青本などで過去問を解く必要があります。大学によって入試傾向が全く違うので、出題傾向も知らずに臨むのは無謀すぎるからです。でも、他大学を受験しなければ、持っている時間のすべてを本命の大学の対策に充てることができます。

また、地方在住者が私立大学を受験する場合、遠方まで行かなければならないことが多くなります。移動時間だけではなく宿泊もしなければならないので、１つの大学を受験するために、最低丸2日は必要になります。本命受験のための貴重な勉強時間が、2日も奪われることになってしまうのです。さらに受験料が3万円以上かかり、交通費や宿泊費もプラスされます。入試には万全の体調で臨みたいので、インフルエンザ流行期に人ごみに出向くのも、できれば避けたいところです。

このような理由で長男は東大1本でしたが、結果的にそれが良かったと思います。

次男の場合

彼は、受験勉強を始めた高専3年の夏頃に「東大に行く」と決めました。(高専は5年制)。そして東大の編入試験に受かるように自分で勉強の計画を立て、その計画通りに着々と受験勉強をしていました。

編入試験でしたので受験は夏場です。普通の入試と違って模試が全くない中での本番は心配だったので、腕ためしもかねて東大の前に地元の金沢大学を受験しました。金沢大学は自宅から車で20分なので、それほど時間を無駄にせずにすみました。編入試験は、日程がかぶらなければ複数校受験できます。東大・金沢大学のほか、筑波大学も受験しました。東大は一次試験が筆記で、一次試験合格者のみが二次の面接に進めます。筑波大学の編入試験は、筆記試験と面接試験が同じ日で、東大の二次試験の翌日でしたので、移動時間やお金のロスも少なく、3つとも合格しました。

長女の場合

彼女が東大を意識したのは、3人の中でもっとも早くて小5の時。東大生だった長男が模擬店を出していた五月祭や駒場祭に行った頃からです。大学祭の雰囲気にあこがれて、なんとなく「自分も東大に」と思ったようです。

現役の時は、長男同様に私立大学は1つも受験せずに、東大1本に絞って受験勉強をしていました。浪人の時はさすがに2浪は厳しいということで、一応早稲田大学も受験しました。ですが、共通テスト利用でしたので、ネットで願書を出しただけ、過去問を見てもいません。つまり、全く余分な時間も労力も使っていないのです。さらに早稲田大学の受験料は、一般入試3万5000円に対し、共通テスト利用は2万円と安くなっています。交通費も宿泊費もかからず、移動や受験の時間も不要。受験会場で風邪やインフルエンザを拾う心配もないので、共通テスト利用はありだと思います。

「ここ」と決めたらブレない

大学入試は、大学によってマークか記述かなど問題形式が大きく異なります。同じ国立大学であっても、問題の傾向が全く違いますし、私立大学入試は国立大学以上に大学ごとにカラーがあります。ですから「ここ」と決めたら、その大学に受かるような勉強方法で取り組むことが大切です。

そして、「絶対ここに受かるぞ」という強い気持ちを持つこと。その大学の入試問題傾向を十分に研究して、万全の計画をたてて淡々と実行する。合格したいのであればこれに尽きます。受験勉強中は迷いや不安がつきものですが、受験生はもちろんおうちの方も、気持ちを強く持ってブレないでください。

ゴールまでの逆算をする

ここからは、「計画」の立て方について、具体的にお話ししていきます。

逆算のしかた

まずは、やるべき総量をあらい出します。例えば共通テストで合計何点以上必要かは、志望校によって違います。その合計点を、科目ごとに配分します。それぞれ得意不得意がありますので、ここは自分で決めるしかありません。

もし数学で170点以上取りたいなら、170点のうち、数1Aで何点、数ⅡBで何点と決めます。そしてどの問題集を何回解けば、それだけ得点できるようになるか考えます。1冊のページ数×回数で、その問題集でやるべき総ページ数がでます。それからゴールの日を決めます。ゴールは共通テスト当日ではなく、「この日までには170点取れる力をつけておきたい」と自分が思う日です。力がついているか確認するために、共通テスト形式の問題を時間を測って解く実戦練習が必要ですから、共通テストの1月前くらいにゴールを設定したいです。後はゴールまでに残っている日数を数え、ひと月分、さらに1日分のやるべき量を割り出します。

つまり、ゴールから逆算して今やるべきことを決める、ということです。「逆算して、今やるべきことをやる」なんて当たり前じゃないの？と思う方もいらっしゃるでしょう。夕飯の準備にしても、仕事の締め切りにしても、予定の時間や期限に仕上げるためには、逆算をして取りかかり始める時間や時期を決めなければなりません。大人なら、例えば「何時にこれだけの料理を作り終えたいから、何時には買い物を終えて、何時には作り始めないといけない」ということを無意識にやっていることが多いと思います。

ですが、子ども達はこの「逆算」を案外していません。先日も高3生が自習に来て「さあ、今日は何を勉強するかな」と言ったのです。びっくりしました。高校入学時から行きたい大学が決まっている生徒でした。それなのに、もう受験生の夏になっているにも関わらず、その日にやることが決まっていないのです。彼は、相当勉強しないと合格できないレベルの大学を志望していました。英単語や古文単語などの基礎知識も全く足りていないのです。そこで彼に、中学の頃からもう何度も何度も伝えている次の話を、再度しました。

例えば英単語なら

・合格するために必要な単語数はどれくらいか考える
・どの単語帳を使えば、必要な単語を習得できるのか決める。
・英単語帳を何周すれば、覚えられるのか考える。
・いつまでに覚えなければいけないか、決める。
・総ページを日数で割って、毎日取り組むページを決める。同時に、どのタイミングで単語を覚えるのかを決める。例えば寝る前とか勉強を始める時とか。
・後は毎日欠かさず、ルーティンで取り組む。

いきあたりばったりでその日の気分でやりたいことをやっていては、入試までにとても合格できる水準には達しません。全ての科目でやるべきことは、

①総量を洗い出す
②ゴールまでの残り時間を出す
③ラージステップでいついつまでにここまでやる、と決める
④その期間のやるべきことを総日数で割って、１日にやることと分量を決める。
⑤淡々とその日にやるべきことをこなしていく。

計画通り進んでいれば、不安や焦りを感じることもありません。

必ず作って欲しい、調整日

そして、この計画作りに入れて欲しいのが、「調整日」です。

体調を崩すなど思いがけない何かがあって、計画通りに進まない日や思ったほど進まない日があるかもしれません。「できていないこと」がたまってくると、やる気も失せてしまい、そのうち計画が「絵に描いた餅」になってしまう、というのはよくあることです。ですから、例えば日曜日を「調整日」にして、その日は何も計画を入れません。1週間でやり残しがあれば、「調整日」にやるようにするのです。やり残しがなかったら、次の週の分を前倒しでやります。

また「やるべきことを毎日書き出しておき、できたら赤で線を引いていく」のもお勧めです。赤で線を引くときの気持ちよさと達成感が、次の日もやろうという意欲につながります。スモールステップは1カ月くらいの周期で作るとよいと思います。計画は、常に見直しや修正が必要だからです。

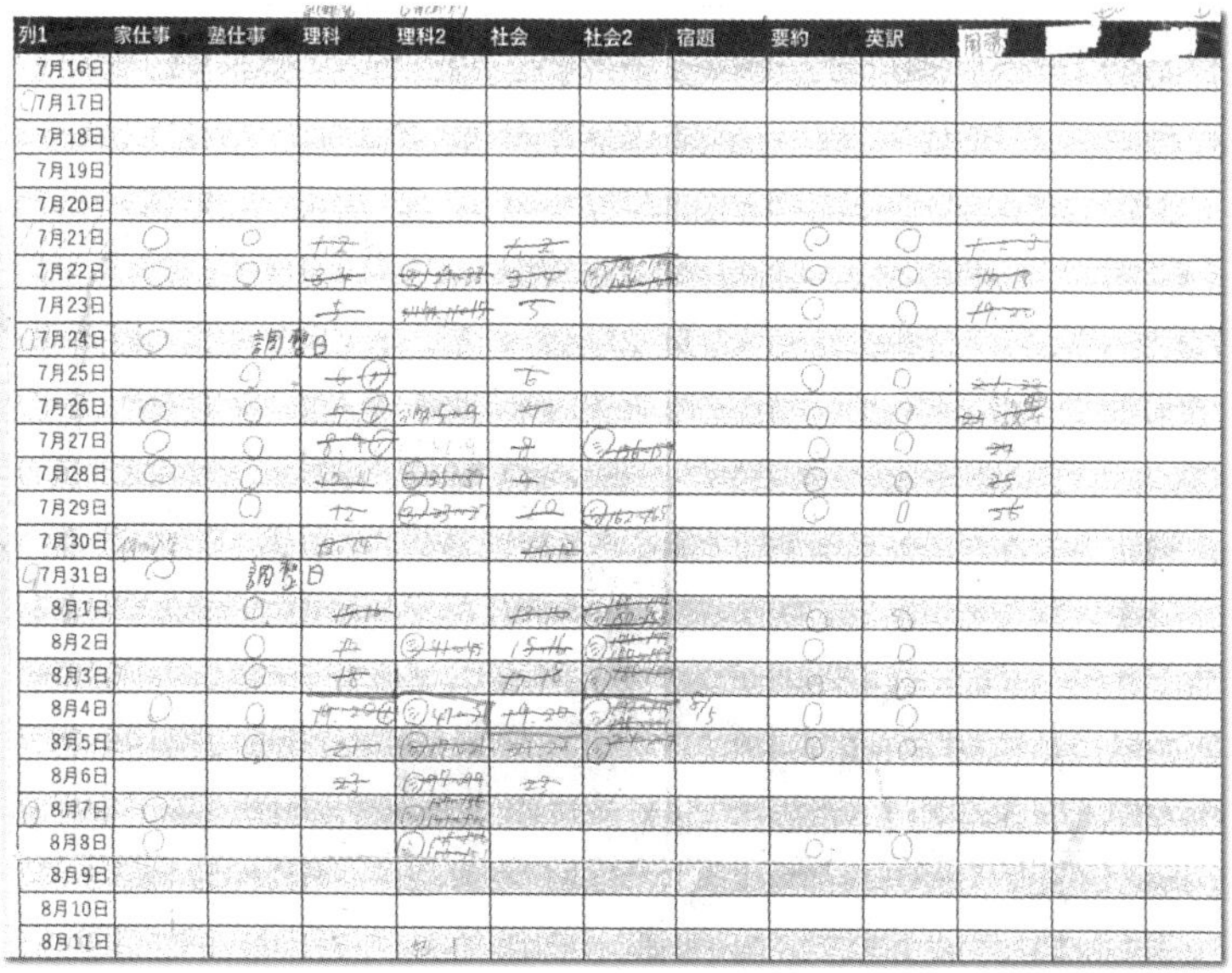

私は、自分の塾で、毎年夏休みに中3に伝授して実行させています。はじめは手取り足取り、計画の立て方から教えます。「ゴールから逆算して毎日やるべきことを決める」方法は、テスト勉強でも、夏休みの課題でも、受験勉強でも使えます。我が家の子ども達もやっていた手法ですので、成果は実証済みです。

上の写真の生徒は「予定の日にできたら青」「予定より遅れてやったら赤」でチェックを入れています。やるページ数も細かく書き入れるのがコツです。

「捨てる」「忘れる」で、脳のキャパを確保

私が反面教師、今を生きる姿勢

私は「捨てる」ことが苦手です。「いつか使うかもしれない」と思って捨てられなくて、どんどん溜まっていってしまう「モノ」達の中でも捨てられないのが「思い出の品々」です。例えば、子どもの図工の作品、大切な人からもらった手紙、大好きなユーミンのグッズなど。それらを見ると、当時の状況や気持ちがぱあっとよみがえり、大切な思い出とひもづいているような気がして、どうしても捨てられないのです。そうした形のないものを引きずることとは、形のあるモノをため込むより厄介なことかもしれません。

ところが、そんな私に反して、我が家の子ども達は、なんでも「捨てる」「忘れる」のです。捨てるのは、形あるモノだけではありません。

子ども達は3人とも転校を経験していますが、転校前の学校の友人と連絡を取り合ったり、会ったりするようなことはありません。保育園・小学校・中学校・高校のどこかの時代を懐かしむとか、母校に顔を出すとか、同窓会に出るとか、一切しません。過去の思い

出を引きずることなく、いつも「今を生きている」という感じです。

子ども達がこうなった背景は、母親である私の「捨てられない」性格を反面教師にしたからかな、と思います。また2度の離婚・引っ越し・転校などの生育歴が関係しているのかもしれません。

脳のスペースにも断捨離が必要

理由はどうにせよ、わが子達を見て思うのは「勉強ができる人というのは、こんな風に思い切って捨てたり、忘れたりできるんだろうな」ということなのです。つまり「捨てる」「忘れる」ことは、勉強においても必要なことなのではないか、ということです。私の推論ですが、その理由をお話しします。

人間の脳にはキャパがあります。人によって容量は異なると思いますが、それぞれ入る限界量はあります。ですから、キャパがいっぱいになった状態で新しい知識を入れようとしたら、不要なものを捨てない限り「入れるスペース」がありません。「今、必要な知識」を入れるために、過去の思い出や知識を、どんどん「捨てる」のです。いつも、どんな時でも、「今、必要な」ことを入れるために、スペースを空けておくのです。クローゼットの中の洋服の断捨離を思っていただけるといいかもしれません。

入れるためのスペースを作る

子ども達の「忘れる」スピードは驚くほど速く、受験が終わってしばらくしたら、歴史や物理で覚えていたことがらを、あっさり忘れていました。入試が終わって不要になった記憶はさっさと捨てて、新たな知識のためのスペースを作っているのです。その合理性には、わが子ながら驚かされます。

これは、生徒達を見ていても同じです。石川県1番の進学校に合格した生徒達は、高校受験前には、相当な知識があります。ですが、その中でも国立大学医学部や旧帝大を目指す生徒達は、高校生になると大学受験に必要のない知識、例えば理系の生徒なら日本史や世界史の知識を、きれいさっぱり忘れているのです。その時々に必要な知識だけを詰め込めるように、限りある脳のキャパを効率よく使っているのだなあと思います。

合格のためには、合理性も必要

つまり、受験に必要な知識を入れるために、受験に関係のないモノを「捨てる」「忘れる」必要があるのです。ですから受験で成功したいのなら、例えばゲームや動画など「面白いけど、得点につながらない」ものを、いったん「捨てる」「忘れる」ことが必須なのです。人間の脳のキャパには、限界がありますし、時間は有限ですから。「受験に必要な知識を入れる」ために、不要なものを「捨てて」、自分のキャパにスペースを空けます。空いたキャパを最大限に使い、持てる時間の最大限を使って「受験に必要なもの」だけをどんどん入れる。この合理性が受験には重要なのだと、子ども達を見ていてつくづく思うのです。

第6章

東大卒業まで知りたいお金の話。

学資保険は必須

シングルマザー家庭で1番大変だったのは、やはり経済的な問題です。

学習塾を細々と営み生計を立てていますが、全てワンオペの個人経営で生徒数も少なく常にお金の心配をしてきました。ですから、子ども達が幼い頃から、「もし、大学に行きたいなら、うちは国立大学しか出せないよ。勉強したくないなら働けばいいから、無理に進学する必要はないよ」と、口癖のように言ってきたとお話ししました。実際、カツカツの生活をしていましたので、子ども達も我が家の経済状況は肌で感じていたと思います。

そんな厳しい経済状態の我が家が、子どもを3人も東大に通わせるためのお金をどのように捻出したのかをお話ししていきます。

学資保険の仕組み

学資保険とは子どもの教育資金を準備するための貯蓄型の保険で、保険会社が販売しています。毎月決まった額の保険料を支払い、満期時に進学準備金や満期保険金を受け取ることができます。もし、契約者（保護者）が死亡・高度障害状態になって支払い不能となってしまった場合、それ以後の保険料の支払いが免除となる一方で、保障はそのまま継続されて、満期時には契約時の満額を受け取ることができます。これは学資保険の大きなメリットです。万が一、保護者に何かあった場合でも、子どもが進学をあきらめなくてすむからです。

この学資保険には、「貯蓄型」と「保証型」があります。「貯蓄型」は、支払った保険料の合計よりも受け取る満期金が高くなるので、教育資金を貯めることのみを目的とする人に向いています。一方「保証型」は子どものケガや病気による入院・通院を保障する特約がつけられます。別の医療保険に加入する手間が省け一元化できるメリットがありますが、医療保障の分、払い込んだ保険料の合計より、受け取る満期金が低くなります。目的に応じて、選択するとよいでしょう。

保険料は、加入する時期、満期金の額や特約の有無などで変わってきます。商品によって加入可能年齢が違いますが、妊娠中に加入できるものもありますし、月々の支払い額をおさえたいなら、できるだけ早く検討し加入するとよいと思います。

我が家の事例

我が家は、３人とも「貯蓄型」の学資保険をかけていました。大学受験・進学となると、一度に何十万というまとまったお金が必要になります。コツコツためていくのが1番です。大学進学時に必要だと考え、満期を18歳に設定しました。共通テストが1月、二次試験が2月ですが、それらの前年末に保険金がおりるように、満期を18歳に設定したのです。前年末に入金されれば、大学受験や入学、引っ越しの費用に充てられます。後でお話しする「奨学金」は、大学入学後の6月や7月に入金される場合が多いので、まとまったお金が必要な入学時や引っ越し時には間に合いません。

その意味でも、高校卒業前に保険金がおりる「学資保険」をかけておくことをオススメします。我が家は大学で県外に行くことを想定していましたので、４年間の学費と仕送り分で、満期で５００万円になるようにかけました。仕送り分を含めず、大学入学時の費用だけなら2～３００万円くらいでもよいかもしれません。

では、それぞれどのように貯蓄していたか、順にお話していきます。

長男の時の失敗

長男には生まれてすぐに、郵貯の学資保険をかけました。当時は景気が良く金利が高い時代で返戻率もよく、支払総額は５００万円よりかなり少なくてすみました。しかし貧乏すぎて月２万円ほどの保険料が数カ月支払えず、保険が失効になったこともあります。復旧手続きを取り、満期時には満額支払われたので本当によかったです。学資保険には、満期時に一括で受け取るタイプと数年に分かれて受け取るタイプがあります。長男の学資保険は、一括受け取りでした。

ここで注意していただきたいのが、税金です。保険料の負担者と受取人が同じか違うかで、かかる税金が変わってきます。私は税金の仕組みをよく知らなくて、長男を受取人にしてしまい「贈与税を払う」という痛い目にあいました。契約者を受取人にしておいた方が無難です。税金についても事前に調べておくとよいと思います。

次男と長女の場合

次男は2歳の時、長女は0歳の時にアフラックの学資保険に加入しました。こちらは18

歳以降、毎年100万円ずつおりるタイプです。国立大学であれば、100万円内で受験や入学・引っ越しにかかる費用は大体まかなえます。ただ私立大学は入学金や授業料が高いので、厳しいでしょう。加入前に保険金のおおまかな使いみちを決め、それに応じて保険金がおりるタイミングや満期時の金額設定をよく考えた方がよいでしょう。

いずれにせよ、なるべく早く学資保険に入ることをお勧めします。早く入るほうが保険をかける月数が長くなりますから、その分月々の負担が少なくなります。また年払いにすると割引があってお得です。私もアフラックに加入した2人分は、月払いではなく年払いにしていました。年払いにすると2人分の支払額が一括で55万円ほどになり、結構大変ではありました。ですが少しでも支払い総額を安くしたかったので、あらかじめ支払日にむけて、必要分を月々ためておくようにして乗り切りました。

奨学金の仕組みを知って、上手に利用しよう

我が家の子ども達は、奨学金のおかげで東大へ行けたようなものです。ありがたい奨学金ですが、実は色々なタイプがあることは、意外と知られていません。これは2022年12月現在のものなので、実際に使われる場合は変更されている可能性があります。使われる時は調べてください。

奨学金は大きく分けて2つあります。

①返済が不要な「給付型」
②返済が必要な「貸与型」

返済不要な「給付型」は、経済困窮度や学力基準など条件が厳しく、採用人数も少なくなっています。返済が必要な「貸与型」の中にも、利子がかからない無利子型と、利子がかかる有利子型があります。

国の奨学金制度

奨学金と聞いて思い浮かぶのは、日本学生支援機構（ＪＡＳＳＯ）でしょう。私が大学生だった頃は「日本育英会」という名称でした。当時、第１種は無利子貸与、第２種が利子付き貸与で、卒業後に教職につけば返済免除でした。「日本育英会」は、１９４３年に設立された「財団法人　大日本育英会」が前身で、無利子の第１種か有利子の第２種かは、経済状況によって決まりました。

返せない人が増えている実情

数年前「奨学金が返済できない人が増えている」と盛んに報道されていましたが、それは「きぼうプラン21奨学金」という有利子で貸与額・人数も増やした制度で借りた人達に多いようです。利子は高いときには１・７％を超え、「銀行の教育ローンの方が安い」とも言われていました。高すぎると言われた利子は下がり、２０２２年６月は「利率固定方式」が０・５３７％、「利率見直し方式」が０・０４０％となっています。

「日本育英会」は、他団体と合併し、２００４年に現在の「独立行政法人日本学生支援機構（以後ＪＡＳＳＯ）」になりました。長男は、ここから無利子の奨学金の貸与を受け、今、働いて一生懸命返済しています。

【国公立の場合】

※独立行政法人・地方独立行政法人が設置する学校を含む。

区分		自宅通学	自宅外通学
大学 短期大学 専修学校 （専門課程）	第１区分	29,200円 （33,300円）	66,700円
	第２区分	19,500円 （22,200円）	44,500円
	第３区分	9,800円 （11,100円）	22,300円
高等専門学校 （第４学年以上）	第１区分	17,500円 （25,800円）	34,200円
	第２区分	11,700円 （17,200円）	22,800円
	第３区分	5,900円 （8,600円）	11,400円

（日本学生支援機構ホームページより）

新制度の誕生

この「ＪＡＳＳＯ」、２０２０年４月から制度が変わっています。新制度では、家庭の経済状況と学力基準によって、まず「給付型」か「貸与型」に分けられます。さらに「給付型」の中で、収入状況によって、第１区分から第３区分まで分けられ、給付額は表のとおりです。（日本学生支援機構のホームページより）

新制度の素晴らしいところは、「給付型」に採用された場合、入学金と授業料が免除または減額になるところです。以前は、入学金の免除制度は全くありませんでした。また授業料免除は各大学の学生課に、所得証明、住民票、兄弟の在学証明書、児童手当や児童扶養手当の書類など様々な書類を添えて半期ごとに申請しなければなりませんでした。その都度、通るか通らないか、全額免除か減免かわからないし、決定も6月頃でした。それが予約型になったので、高校在学中に奨学金給付、入学金と授業料免除の申請が一度の手続きでできるのです。入学前に決定されるというのは、画期的な制度だと思います。

なお、「給付型」の給付額は、先ほどの第1区分から第3区分内でそれぞれ、大学か高等専門学校か、自宅か自宅外によって決まっています。

様々な制度を利用

次男と長女の2人は、この新制度のおかげで、入学金・授業料ともに全額免除でした。また返済不要の給付型奨学金が、月6万6700円支給されています。国立大学の入学金は、

282、000円、授業料は1年で535、800円（2022年現在）ですので、我が家のような経済困窮度が高い家庭には、本当に大助かりの制度です。この新制度がはじまったのは、我が家にとっては非常にタイミングの良い、次男が入学する年でした。子どもに借金を背負わせずにすみ、ありがたく思っています。

JASSOの奨学金申請は、高校在学時に行う予約型と、大学に入学してから行う方法があります。次男は高専からの案内はなく、大学入学後に自分で学生課に申請に行きました。長女は高3の春に、奨学金担当の先生が、生徒全員に申し込み方法の説明と申請や手続きのフォローもしてくださり、スムーズに予約ができました。

高校から案内がなかったら、事務か先生に尋ねてみるとよいと思います。浪人生の場合も、高校卒業後2年以内であれば申請できるようです。高校の時に予約をしなかった場合は、入学後に大学の学生課で申請できます。初回入金は予約型の場合は入学した4月ですが、入学後に申請した場合は7月になるので、注意してください。

国以外の給付型奨学金

国以外の奨学金では自治体・大学・企業、NPOなどがあり、JASSO同様、給付型と貸与型があります。

国以外の奨学金には、学校を通して応募するものと、個人で直接応募するものがあります。

高校在学中に高校を通して応募する奨学金

高校を通して応募するタイプの奨学金は、高校のホームページに告知されていることが多いようです。民間団体が設けている給付型奨学金は、高校在学中に応募する「予約型」で、書類審査の後に面接が行われることが多いようです。

この「予約型」の給付奨学金には、受験時や入学時に10万円ほどの一時金が出るものもあります。一時金は、地方から受験で上京する場合、交通費や宿泊代に充てられるので、とても助かると思います。

高校在学中の「予約型」の締め切りは、高3の夏くらいと早いことが多いので、ホームページをこまめにチェックした方がよいでしょう。ちなみに我が家は、高校在学中に応募する民間団体の「予約型」給付奨学金の存在を知ったのが遅くて、応募が間に合いませんでした。応募すれば採用のチャンスがあったと思われるので、とても残念でした。ぜひ、高3になる前に調べておくことをお勧めします。

高校を通して応募するものは、学校長推薦の形をとるものが多く、推薦枠はほとんどの場合、各高校1名です。人数が少ない狭き門ですが、学校からの推薦が取れたらほぼ採用されますので、チャレンジする価値はあります。推薦要件は、世帯の経済状況と学業成績です。ただし、民間の給付型奨学金の場合、ＪＡＳＳＯの給付型奨学金との併用不可のことも多いので、どの奨学金に応募するのがよいか、よく考えてから応募した方がよいでしょう。

我が家の事例

我が家は長男の時は、予約型の給付奨学金の存在を知らなかったので応募していません。次男は高専でしたので、学校を通しての応募そのものがありませんでした。長女は、民間の予約型の奨学金の存在を知ったのが、高3の夏でした。知った時にはほとんどのものが締め切りを過ぎていたため、応募できませんでした。それで高校のホームページではなく、東京大学のホームページを調べたところ、大学独自の「給付型」かつ「予約型」の奨学金があったのです。全受験生向けと女子学生向けがあり、締め切りが高3の11月でした。高校を通しての応募でしたので、奨学金担当の先生に応募したい旨を伝え、世帯の経済状況がわかる公的書類と本人の作文を提出しました。高校からの推薦枠は1名でしたが、長女は推薦されることとなり、高校長の推薦書、成績証明書などを添えて奨学金担当の先生が応募してくださいました。面接はなく、書類審査だけで採用候補生となりました。

長女が応募した奨学金は、東京大学の女子学生の同窓会組織である「さつき会」が東大を受験する女子をバックアップする目的で創設したものです。めでたく採用候補生となったものの、浪人してしまったので権利は持ち越せず、翌年再応募となりました。ですが一度採用されているため作文は免除され、2回目の応募も無事採用候補生となりました。現役の時の支給額は、入学時30万円、卒業までの4年間月3万円ずつでしたが、次の年から支給額が月5万円になったので、奨学金に関していえば、浪人は怪我の功名だったかもしれません。

高校在学中に個人で応募する奨学金

続いて、入学前に個人で応募する奨学金についてです。

次男が編入試験に合格した後、次男と長女の奨学金をネットで探しまくりました。「奨学金給付」「大学生奨学金」などで検索すると、色々出てきます。また、高校のホームページにも、自分で直接応募するタイプのものも掲載されている場合があります。ダイソーや

Ｚ会、キーエンスなどたくさんの民間企業が制度を設けています。締め切りも応募方法も様々です。

提出書類は、世帯の経済状況がわかる公的書類・成績証明書・作文か小論文・学校長の推薦文・自己ＰＲ文などです。書類は郵送するものがほとんどですが、一次審査はネットで応募できるものもあります。書類審査が通った後に、面接がある場合が多く、面接は東京や大阪など主催の企業や団体の所在地まで出向かねばなりません。高校を通して応募するものに比べると、かなり手間がかかります。

我が家の場合は、次男は高専でしたので学校を通して応募する環境がありませんでした。東大の編入試験の発表は７月で、合格した後に、ネットで探していくつか応募しました。民間団体の給付型奨学金は、採用人数が10名に満たないようなことも多く、大学入学前には残念ながら採用されませんでした。長女は受験勉強に忙しい時期に作文や面接の時間を取られたくない、とのことで個人応募はしていません。

個人での直接応募の奨学金は、採用人数が少ないものが多く、受験前に小論文を書いたり面接に行ったりと時間を割かねばならないので、東大のような難関大学を目指す人には厳しいかもしれません。時間や気持ちに余裕がある人は、トライしてみてください。

大学入学後に大学を通して応募する奨学金

大学を通して応募する奨学金は、ほとんどが大学のホームページに告知されていますが、一部構内の掲示板に貼られていることもあります。

東大の場合は、ホームページの「教育・学生生活」の中に「奨学制度」のページがあります。そこに、主催団体ごとに分かれて掲載されています。例えば、民間団体のページを見ると、さらに内部選考を行う奨学金・直接応募の奨学金・その他の方法で応募する奨学金とに分けられています。

我が家の場合、長女は大学の入学手続時に、大学推薦を受けて応募する奨学金の案内が学生課からありました。その際、他の奨学金と併用可である給付型を10個選んで希望を出しました。大学からの推薦が受けられることになり、月3万円給付される奨学金に採用されました。入学時以外に応募する場合は、自分で学生課に書類を提出します。1年生だけでなく、2・3・4年生で応募できるものや院生向けの奨学金もあります。

ホームページに掲載されている中から応募したい奨学金の希望を書いた希望書・成績証明書・家庭の経済状況がわかる公的書類を学生課の奨学金担当に提出します。

次男は、入学時に奨学金については何も案内がありませんでした。編入学だったためか、２０２０年入学でコロナ流行によって4月に突然すべて（授業だけでなく、編入生向けの説明会や手続きなども）中止かオンラインになる、という年だったからか定かではありません。学生課もリモート対応のため電話もつながらないという特殊な年でしたので、大学のホームページだけが頼りでした。こまめにチェックして2年続けていくつかに応募して、1つ大学から推薦を受けることができ、年間で30万円の奨学金に採用されました。

大学から推薦を受ける奨学金は、推薦が受けられれば、かなりの割合で採用されます。ですが推薦枠は全学部で1名もしくは数名と少なく、非常に狭き門になります。それでも、提出書類が比較的少なく労力がかからないので応募すべきだと思います。

大学入学後に個人で応募する奨学金

ネットで「奨学金給付」「大学生奨学金」などで調べて探しました。色々な団体が主催していて、応募時期も様々です。基本的に個人で応募する奨学金は、成績証明書や所得関係の書類のほか、作文や小論文・指導教官の推薦文など提出書類が多いので、大学を通して応募するものに比べると手間がかかります。作文・小論文も３０００字や３５００字などボリュームがあるものも少なくありません。採用人数はまれに50名など多いものもありますが、ほとんどが5名とか10名と少ないので、「採用されればラッキー」という感じです。

ちなみに我が家の子ども達は、「コスパが悪い」という理由で、大学入学後は個人での直接応募はしていません。用意する書類の多さ＋そこにかける労力＋時間と、採用される可能性＋支給額とを秤にかけて考えたようです。

我が家は応募しませんでしたが、給付型は返済不要なのでトライしてみる価値はあるでしょう。

入試までにかかる費用

大学入試までにかかる費用については、個人差、あるいは家庭差が大きいと思います。文部科学省の学習調査（平成30年）による学校種別の学習費総額「平成30年度学校基本統計（学校基本調査報告書）」を参考にしてください。
公立か私立かによって、かなりの差があることがおわかりいただけると思います。学校

区分		幼稚園		小学校	
		公立	私立	公立	私立
学習費総額		223,647	527,916	321,281	1,598,691
	学校養育費	120,738	331,378	63,102	904,164
	学校給食費	19,014	30,880	43,728	47,638
	学校外活動費	83,895	165,658	214,451	646,889
	補助学習費	22,564	48,229	82,469	348,385
	その他学校外活動費	61,331	117,429	131,982	298,504

区分		中学校		高校全般(全日制)	
		公立	私立	公立	私立
学習費総額		488,397	1,406,433	457,380	969,911
	学校養育費	138,961	1,071,438	280,487	719,051
	学校給食費	42,945	3,731	0	0
	学校外活動費	306,491	331,264	176,893	250,860
	補助学習費	243,589	220,346	147,875	193,945
	その他学校外活動費	62,902	110,918	29,018	56,915

(文部科学省「平成30年度学校基本統計(学校基本調査報告書)」)

以外つまり学習塾や家庭教師などの「補助学習費」は、前ページの表のようになります。

・公立小学校の場合：約８万

・私立小学校の場合：約35万

私立小学校に通わせる家庭は、公立小学校に通わせる家庭の４倍ほどお金をかけていま
す。学年が上がると、

・公立中学校の場合：約24万

・私立中学校の場合：約22万

・公立高校の場合：約15万円

・私立高校の場合：約20万円

となり、私立と公立で小学校ほどは差がありません。

このことから私立の小学校に通わせる家庭は、経済的に余裕があり、かつ教育熱心な家庭であることがうかがえます。

ただし、これは平均値です。高校にはほとんどの人が進学しますので、中学では塾に通う人が多く、平均値が上がってきますが、高校では進学校でなければ塾に通いません。0円の家庭も多いことを考えると、高校の「塾や家庭教師にお金をかけている家庭」だけの平均は、もっと高いと思われます。実際、予備校や塾に通っている高校生に聞くと、月7〜8万とか、年間一括払いの場合は100万前後でローンを組んだので途中で辞められないとか。進学校に通い大学受験をめざす人達は、文科省の平均値よりかなり費用がかかっていると思います。

我が家の事例

長男と次男は公立小学校から金沢大学附属中学校を受験しました。長男も次男も、小6の時から私の学習塾の小6クラスで勉強しました。次男は受験前2カ月だけ、大手の塾の「附属受験」コースに通い、料金は当時で月3万円強でした。中学時代は3人とも、私の教室のクラスに入って勉強していました。

大学受験は、長男はZ会の通信教材のみ。東大コースで1講座年間6万円くらいです。一括払いだと月払いより15%安くなるので、一括払いにしていました。

次男は編入試験向けの模試を実施している予備校が金沢にはないため、ネットで探し、2

〜3回自宅で模試を受けました。それ以外は基本独学でしたので、費用はほぼかかっていません。参考書類は、アマゾンやメルカリで古本を購入して自分に合ったものを選んでいたので、かなり安く入手できました。

長女は長男と同じくZ会の東大コースを受講。数学が苦手だったので1年間数学の個人塾に通いました。塾の月謝は月4万3000円だったので、我が家としてはかなり大変でした。現役合格できず浪人しましたが、成績優秀者として予備校の学費（入学金10万円、年間授業料54万円）は免除され、とても助かりました。夏期講習・冬期講習・教材費はもちろん別です。これでも地方の予備校だから安い方です。

ちなみに駿台予備校や河合塾は浪人生の入学金が10万円、東大・京大クラスは年間の授業料が85万円前後。金沢には駿台も河合塾もないので、東大や医学部志望者の中には、東京や京都の予備校に行く人も少なくありません。その場合は予備校指定寮に入る人が多く、朝食・夕食付きで管理費なども入れると寮費が年間200万円ほどかかります。大変な金額です。我が家ではとても出せません。（2023年現在）

浪人時代にかかった費用は、教材費と夏期・冬期講習代で合計40万円ほどで、高3の冬におりた学資保険でまかないました。

模擬試験代も予算に入れよう

大学入試向けの模試は、8000円前後。学校が一括で申し込んで全員参加の高校が多いです。高校によりますが、年に5～6回は受けるでしょうか。

共通テストに模したマーク式と、私立大学、国立二次の個別試験向けの記述式があります。さらに、個人で申し込む大学別の模試、いわゆる冠模試もあります。東大模試とか京大模試などといった大学名のついた難関大学向けの模試です。これは年に2～3回。駿台や河合塾といった予備校が主催していて、本番に似た形式の問題が出されます。高校受験と違い、大学受験は全国での自分の位置が必要なので、模試は必須です。この模試代も、回数を受けると結構な金額になるので要注意です。

東大入試にかかった費用

東大は国立大学ですから、検定料はほかの国立大学と同じです。２０２３年現在、共通テストが１万８０００円、二次試験が１万７０００円です。二次試験の受験料に関しては、一橋大学のように経済状況によって免除になる大学もありますが、東大には検定料の免除制度はありません。

地方から受験する場合は、プラス交通費と宿泊費がかかります。住んでいる場所によってはかなり交通費がかかり、検定料よりこちらの方が断然出費がかさみます。

ホテルの予約事情

東大は、文系受験者は駒場キャンパス、理系受験者は本郷キャンパスが会場です。駒場キャンパス付近にはホテルがないので、文系受験生の多くは渋谷に宿泊します。駒場キャンパスは、井の頭線で渋谷から各駅停車２駅「駒場東大前」下車、駅前がキャンパスの正門となっています。多くのホテルがある渋谷駅付近に宿泊すれば、受験会場まですぐです。

理系受験生は、本郷や後楽園あたりで宿泊します

ここでホテル予約について少し気を付けた方がよいことがあります。それは、東大受験生の保護者はホテル予約が早い、ということです。検定料や受験日程などは、国立大学ですから他大学と同じですが、1つだけ大きく違う点がここです。地方国立大学を受験する受験生は、志望大学はあっても、多くの場合は共通テストの出来具合を見て二次を出願、つまり受験する大学を最終的に決めます。ですから、出願する大学を決めた後、1月末から2月頭にホテルを予約します。ですが、東大を受験する人の多くは、早くから「東大を受ける」と決めているので、受験生の保護者の方は夏頃ホテルを予約します。渋谷駅近くの東大文系受験生御用達の大きなホテルは、受験の1年前から予約する人もいるそうです。

我が家の事例

長男の受験の時は北陸新幹線開通前でしたので、往復の飛行機代とホテルがセットになったお得なパックで渋谷駅近くのホテルをとりました。航空会社の出しているパックの中には、ホテル代がほとんどかからないような破格なパックもありますので、ネットで調べて探すとよいと思います。

次男と長女の時は、北陸新幹線開通後で金沢から「かがやき」で東京まで2時間半です。

新幹線のチケットは、乗車1カ月前に「早割り」のような枚数制限のある安いチケットを売り出します。それをゲットするために、発売1カ月前の午前10時前にネットの前でスタンバイ。常時やっているとは限りませんが、正規の料金の30％オフなどもあり、新幹線を利用される場合は事前にチェックしておくとよいと思います。次男は本郷キャンパス正門近くのホテル、長女は現役の時は長男と同じホテル、浪人のときは渋谷駅井の頭線ホーム直結のホテルでした。

下見と下調べは必須

また地方から上京して受験する場合、朝のラッシュや交通の便などが全くわからないため、受験の前々日に行くとよいです。「受験日の前日に、当日と同じ時間にホテルを出て、電車に乗り大学まで行く」というシミュレーションをするのです。地方在住だと、土地勘がない上、人ごみや乗り換えなどに慣れていませんから、当日まごつくと焦ってしまいます。余裕をもって受験会場に入れるよう、前日の同じ時間に同じ行動をしておくのです。長男も一緒に受験した友人も、長女も、前々日に行きました。次男は徒歩圏内のホテルでしたので前泊のみ、編入試験は1日だけです。

ですが東大の二次は丸2日ありますので、前々泊すると3泊となり、宿泊代はかかりました。「ここ1番の大事なときだから」と奮発しました。

受験に関しては、1番費用がかかったのがホテル代、次に交通費、そして検定料ということになります。ホテル代や交通費に関しては、少しでも安くしようと、ネットで調べまくったのはいうまでもありません。色々探すと、同じホテルでもサイトやプランによって料金が違うこともあります。また旅行会社が出している、新幹線とホテルがセットになったお得なプランもあります。少しでも金額を抑えたいと思ったら、手間を惜しまず調べることが大切かなと思います。

東大での４年間に必要なお金

授業料と入学金は、受験料同様ほかの国立大学と同額です。２０２３年現在、入学金は28万２０００円の一括納入。授業料は年間53万５８００円で、前期・後期に分けての納入となります。

我が家の場合、実際に支払ったのは長男の入学金と1年前期の授業料のみでした。次男と長女は入学金と授業料が全額免除でしたし、長男も1年後期から卒業までは、申請をして授業料は全額免除となったからです。

後は教科書代で、1冊数千円します。新品でそろえると結構な金額になるので、次男と長女はメルカリの古本を利用していました。大学構内でも、教科書の古本販売があります。古本でも、講義を受けるのに支障はありませんから十分です。古本を利用することで、教科書代はかなり安くおさえられました。

第二関門は、家賃と家探し

1番金額がかさむのは、家賃です。大学に近い立地だと、狭くて古いワンルームでも5万円はします。東大の女子学生は、セキュリティーのよい月8～9万円のマンションに住んでいる人が多いようです。月々の家賃に加え、入居時にかかる礼金・敷金は家賃の4～5カ月分です。ですから入居の時は、大変な出費となります。

通学できない距離の地方に住んでいる受験生の多くの保護者は、二次試験時に一緒について いき、子どもの試験中に住まい探しをします。東大に限らず多くの大学生協が「住まい探し」と称した催しを、二次試験の時に大学構内で開きます。たくさんの不動産屋さんが集まっていて、学生向け物件を数多く知ることができます。その時に下見もして、仮押さえをする人が多いようです。

長男は親戚の家、次男は学生宿舎

我が家の場合、長男は自分で交渉して、元夫の実家に住まわせてもらっていました。高齢の義母が埼玉で一人暮らしをしていましたので、長男は家賃や光熱費用がかからず、義母にとっては安心というお互いにメリットがあったのでは、と思います。

次男は東大の学生宿舎に申し込みました。東大には前期課程（1・2年生）生向けの「三鷹国際学生宿舎宿舎」と後期課程生（3年生以上）向けの「豊島国際学生宿舎」と「追分国際学生宿舎（現在は募集停止）」そして2020年に新しくできた全課程向けの「目白台インターナショナルビレッジ」があります。編入生は3年生扱いになるため、後期課程生向けの宿舎に申し込みました。2021年秋で募集停止になった追分国際学舎と、豊島学生学舎に申し込み、本郷キャンパスから徒歩圏内の追分国際学生宿舎に入居できました。

宿舎に入れるかどうかは、経済困窮度によるようです。追分国際学生宿舎は入居時の保証金が5万円で、家賃は月3万6000円です。我が家は「特に経済困窮度が高い」と認定され、大学から月1万6000円の支援を受け、家賃は月2万円でした。本郷キャンパスから徒歩圏内、管理人さんもいてオートロックというセキュリティーばっちりのマンションで月2万は、破格です。本当にありがたいです。ネット環境は整っているのでルーターをつなぐだけ、費用もかかりません。水光熱費は個別契約・個別支払いで、月1万円ほどらしいです。各部屋にお風呂・トイレ・IHクッキングヒーターがあり、各階に共同の広いキッチンや冷蔵庫もあります

女子学生向けの支援制度

長女は、現在は前期課程学生向けの「三鷹国際学生宿舎」に住んでいます。ここは家賃4700円と都内とは思えない破格の寄宿料ですが、安いのには理由があり、後述します。

ここで、東大の女子学生向けの支援制度について触れておきたいと思います。

東大には女子学生を増やす目的で創設された、女子学生向けの住まい支援制度があります。駒場キャンパスから通学時間が90分以上の女子学生に月3万円の家賃補助が出るのです。

でもこの制度は、残念ながら使い勝手が良いとは言えません。まず、合格発表の前に、大学側がリストアップした住まいの中から、10戸まで希望を挙げます。つまり、補助を受け

たい場合は、リストアップされた住まいの中から選ぶしかないのです。リストにある物件は、「女子学生向けの住まい」ということでセキュリティーは万全ですが、家賃が8万から12万と高額なところばかり。月3万円の補助を受けても、家賃だけで毎月5万円以上はかかります。入居時の礼金敷金が30万円以上、さらに管理費や維持費も支払わなければなりません。

また、採用システムも微妙で、希望の提出期限は合格発表より前です。3月10日、合格発表の後に合格者の中で抽選が行われます。補助が受けられるか受けられないか、さらにどの住まいになるか、が抽選で決まるのです。そして3月10日午後、抽選結果の連絡が入ります。もし抽選から外れたら、3月10日以降に、自分で住まいを探さなくてはなりません。東大の合格発表は、国立前期日程の大学の中で最も遅い日です。3月10日までには東京の他の大学はほぼ発表が終わっているため、東大の発表の時には、学生向けの物件はかなり少なくなっているのです。さらに、支援を受けられるのは、前期課程の2年間だけです。3年生以上は、全く補助はありません。

このように微妙な点もある制度ですが、長女は現役の時は申し込みました。2回目の挑戦の時は「浪人で余計にお金がかかったし、三鷹でいい」と、はじめから「三鷹国際学生宿舎」一択でした。

この、東大生からは「監獄」とも呼ばれている「三鷹国際学生宿舎」。まず立地が悪い。どの最寄り駅へも徒歩40分。駒場へは自転車20分で吉祥寺まで行き、井の頭線で25分。周辺に店もなく木と草ぼうぼうの広い敷地に、鉄筋3階建ての6棟。効きが悪く電気代のかかる古いエアコン、硬いベッド、机、クローゼット、ミニキッチンが備品。極めつけは狭いシャワー・トイレユニット。シャワーを使う時はトイレの上に洗面台を移動させるという謎の構造で、シャワーすると洗面台はびしょぬれ。寄宿料4700円、水光熱費を含めても1カ月で1万円ほどで、ハードな環境と格安さが「三鷹に住むことがアルバイト」と言われるゆえんです。留学生が多く日本人女子学生は少ないのですが、1・2階が男子用で、女子用の3階入口はオートロック。事務員も常駐しているので、女子にとって安心感はあります。

もし、東大受験で寮住まいを考えているなら、見学することをお勧めします。事前に予約をすれば、見学することができます。見学した上で、住むことができそうで、不便さを我慢できるなら、我が家のように経済的に厳しいご家庭は、候補に入れられても良いかと思います。門限がなく自由度は高い上、家賃は破格の安さですから。

第7章

東大への道は、保護者の意識次第。

子どもに強制しない

最後に、保護者の方に知っていただきたいことをお話しします。東大の合否は保護者が左右していると実感しているからです。もちろんお子さんの努力が1番ですが、導いてあげられるのは保護者だけだからです。体験談をもとにお話ししていきます。

音大出身でピアノを教えていらっしゃるAさんは、一人娘のBさんに、幼い頃からピアノを、かなり厳しく指導されていました。Bさんは、小さい頃はお母様の言う通りに、一所懸命ピアノの練習をしていたそうですが、中学生になる頃、突然ぷつっとやめてしまったのです。以来、20代後半の今まで、ピアノに全く触れたことがないとのこと。

そのBさん、美大を卒業して、現在は大手広告代理店に勤務しています。「美大に進んだということは、やはり芸術一家なんですね」と申しましたら、「仕事の関係で自宅に紙がたくさんあって、幼い頃、その紙に絵をいっぱい描いていたなあ。それで絵が好きになったのかもしれないな」とお父様が話されました。親にやらされた音楽の道ではなく、自分が好きな美術の道に進んだのでしょう。

子育てへの警鐘

この話は、子育てにおいて大きな警鐘になると思うのです。大人でさえ、人から「これをやりなさい」と命令されたら、あまりやりたくなくなりますよね。逆に「やってはいけません」と禁止されると、不思議とやりたくなってしまうものです。

私は、「勉強しなさい」とか「○○大学に行きなさい」とか、子ども達に言ったことがない、とお話ししました。実はそれが良かったのかもしれない、と先ほどの話を伺ったときに思ったのです。「でも、言わないと全く勉強しないんですよね。どうしたらいいでしょう」と嘆く保護者の方も多いでしょう。

私は、やはり、早い段階で勉強を習慣にしてしまうことだと思います。ご飯を食べるように、寝る前に歯を磨くように「勉強することは当たり前」にしてしまうのです。学校から帰ってすぐとか、夕食を食べ終わったらすぐとか、取り組む時間帯を決めるとよいと思います。毎日同じタイミングで机にむかうことをルーティンにしてしまうのです。

スタートは低学年から一緒に楽しみながら

できればルーティンにすることは小学校低学年のうちにやっていただきたいことです。思春期が近づく高学年になってくると、おうちの方からの関わりが煩わしく感じるようになってきます。「鉄は熱いうちに打て」です。低学年のうちに「勉強は当たり前」という習慣を、親子でつくっていただきたいのです。

とにかく子どもを信じる

私は子どもが大好きな「親バカ」です。「親バカ万歳！」と思っています。なぜなら、多少「親バカ」でないと、子育てのような責任がある大変な仕事を、巣立つまでの20年もの長い間無償でできないように思うからです。

もっとも私の場合、大好きなのは「わが子」に限りません。縁あって通ってきてくれている生徒達のことも、わが子のように感じています。生徒と精神的にかなり近い距離で、ほめたり叱ったりおせっかいをやきながら、成長を見守っています。ですから「先生は本当に子どもが好きだね」と、生徒にも保護者さんにもよく言われます。

ですが、この「好き」というのは自然にわいてくる感情なので、そう思えないこともありますよね。好きになれないものを「好きになれ」と言われても、難しいですよね。「自分の子どものことが、かわいいとは思えないんです」という相談を、保護者の方から受けることもあります。そういうこともあります。

そこで、子どもを大好きと思えても思えなくても、心がけていただきたいことをお伝えします。それは「子どもを信じる」ことです。これは、なかなか難しいことです。私も多くの失敗を重ねてきました。「子どもを信じる」大切さは、自身の失敗から学んだことであり、また周りの保護者から学んだことでもあります。

３人の子育てをしながら、また30年にわたって何百人という生徒達と接しながら、千人以上の保護者を見てきました。その中で強く感じるのは「手をかけすぎて、子どもをダメにしてしまっている保護者が多いなあ」ということです。

可愛がることと過保護は異なる

例えば、小学生の宿題を保護者がやってしまうことがあります。みてあげているつもり、あるいは手伝っているつもりが、いつのまにか保護者が解いてしまっているのです。「これ、お母さんがやったんだよ。私は○○だと思ったけど、お母さんが△△だから直しなさい、って」と生徒が言います。「なんだ、はじめに書いた私の答えで合ってたじゃん」という生徒は1人や2人ではありません。保護者の方は、ついつい手を出してしまうのかもしれません。ですが、誰のための、何のための宿題でしょう。宿題が間違っていたり、できなかったりすれば、「この子はここがわかっていないんだな」と私（指導者）がわかるので、わかっていないところをフォローすることができるのです。間違えることを避けるために、保護者の方が宿題をやってしまったら、子どもの力がつかない上、適切な指導を受ける機会も失ってしまいます。それでは、本末転倒です。

はじめは手をかけ、徐々に手を放して「目をかける」のがよいと思うのです。例えば学校や習いごとの準備。小学校低学年の頃は、一緒にやってあげる。本人がやるべきことや手順がわかったら、次は自分でやらせて、近くで見守ってあげる。そしてできるようになったら、最後は本人に任せる。というように。

時には忘れ物をしたり失敗したりすることもあるでしょう。もしかしたら、恥ずかしい思いをしたり困ることもあるかもしれません。ですが、その経験から「次は気を付けよう」と自分で手立てを考えるようになるのです。失敗を繰り返しながら、子どもは自ら、よりよい方法を探していくのです。

集合時間と出発時間を間違えた！

我が家も失敗をしたことがあります。長女が中1の時のことです。長女が通っていた附属中学では、1年の6月に宿泊学習があります。いつものように準備は長女が1人でしました。バスで福井まで行くのですが、集合場所は金沢駅。「何時に駅に送っていけばいい？」私は宿泊学習の「しおり」を読みもしないで、長女に聞き、言われた時間に間に合うように段取りをしていました。

すると、家を出る時間間近になって「ママ！　大変、集合時間を間違えた！」と長女。慌てて「しおり」を見返すと、今まさに集合時間でした。びっくりして緊急連絡先の番号に電話をしました。「どれくらいで金沢駅に着きますか？」と聞かれ「10分ちょっとで着きます」と答えると、「A先生が残って待っていますから、すぐ来てください。もうすぐバスは出発しますから」とのこと。大急ぎで車を飛ばし、駅に到着。1人待ってくださっていたA先生に、「遅れて申し訳ありません！」と謝ると、いきなり「何やってるんだ！ こんなことは、附属中学始まって以来だ！」と、大声で怒鳴られたのです、人が大勢いる金沢駅前で。私も長女も、顔面蒼白でした。確かに遅刻したのはこちらの落ち度ですし、団体行動ではあるまじき行為です。ですがその時私は、A先生と初対面でした。初対面の方に、いきなり公衆の面前で大声で怒鳴られたのです。「附属中学、始まって以来の失敗だ」と。

娘は私と違って、慎重すぎるくらい慎重なタイプです。集合時間に遅れる、なんていうことはありえず、余裕をもって出かけます。人を待たせるより、待つタイプです。また目立つことを嫌い、いつも周囲をみて、場を乱さないように行動します。先生に褒められこそすれ、叱られたりましてや怒鳴られるようなことは、この時が初めてでした。しっかり者の長女を信用しきって「しおり」をよく読まなかった私のミスです。集合時間と出発時間を、うっかり間違えてしまったようなのです。カンカンに怒っていらっしゃるA先生と2人きりで福井までのドライブ。長女はどんな気持ちだろうと、泣きたくなりました。1泊2日の合宿の間、本当に気が気ではありませんでした。

思ったより元気な顔で帰宅した長女を見て、心からほっとしました。A先生は数学担当の学年主任でした。私も長女も負けん気が強いので「数学だけは、3年間、絶対いい点とる！」と長女が言い「そうだね！　今後はA先生に何も言われないよう、頑張ろう！」と、その時2人で誓いました。長女の数学の成績が3年間良かったのは、言うまでもありません。何しろ、負けん気が強い親子ですから。

失敗を、その後のモチベーションに

このように失敗もあります。でも、この失敗のおかげで、長女は数学を頑張りました。また、今まで以上に、ものごとの準備に念を入れるようになりました。失敗から多くのことを学んでいくのです。

「子どもだからできない」と決めつけないでください。大人が思う以上に、子ども達は様々な力を持っています。危なっかしくて心配でも、ぐっとこらえて、手を出さずに見守ってください。「ここぞ」という場面だけ手助けして、任せてみてください、子どもを信じて。そうすると、お子さんが思いもよらない力を発揮するかもしれません。

自分のことは自分で

我が家では、幼い頃から「自分のことは自分で」やらせてきました。トイレ掃除や皿洗いも、保育園の頃から曜日別当番制でした。シングルで仕事をしながら3人の子育てでしたので、忙しすぎて手が回らないという差し迫った理由からでしたので、長男が幼い頃は「家事の手伝いや下の子の面倒までさせて、申し訳ない」という気持ちでいっぱいでした。「離婚しなければ、子どもにこんな苦労をさせなくて済んだのに」といつも申し訳なさと辛さを感じていました。

親のためではなく、子どものため

ですが、子ども達が成長するにつれて、「家族の一員として家事を手伝うことは、人として大事なことだ」と考えるようになりました。理由は2つあります。

1つは、基本的な生活に関わることを自分でできることが、人として自立するために必要なことだと思うからです。

2つ目は、どんなことにも過程があることがわかる人になってほしかったからです。

例えば、今食べている料理がどうやってできるのか、料理になるまでにどれだけの人が関わり、どれだけの手間がかけられてきたのか。食べ終わったら、誰かが洗い物や片付けをしなければならないこと。どんなことにも、表面には見えないたくさんの人の苦労や手間がかかっていることを、想像できる人になって欲しかったのです。

子どもの将来を親が潰している？

今、巷には、日本版「小皇帝」があふれています。小皇帝とは、一人っ子政策が行われていた中国で両親が一人っ子を溺愛し、何不自由なく育てた結果、わがままになった子を皮肉った呼称です。

中学生ともなると、母親に向かって「ばばあ」だの「うざい」だの言いたい放題。母親に向かって暴言を吐いている中学生を目の当たりにして、本当にびっくりしました。「お母さんに向かって、そんな口きいたらダメだよ。毎朝、君より早く起きて、朝ごはんつくってくれているんだよ」と注意すると「朝ごはんなんて、簡単じゃん。味噌汁作ればいいんでしょ」と。そう答えた生徒の家庭は、中学生になる子ども達に、家事を一切手伝わせていませんでした。お母さんが1週間ほど都合で家を離れた時、ずっとお弁当を買って食べていたそうです。中3と中1、お父さんの3人が1週間お弁当を買って。「簡単だって言うなら、姉弟でごはん作ればいいじゃない。お父さんもいるし、みんなで協力して」と言うと、「危ないから火を使わせてもらえない」とのこと。これにも、びっくりです。中学生にもなって、火を使わせてもらえない、なんて。

そういえば長女が中学生の頃、「家庭科の調理実習、1人でやった方が早いんだよね〜。みんなお嬢様だから、包丁を持ったこともなくて、調理なんて全然できないから」と言っていました。

我が家では、子ども達は小学校に上がる前から包丁を握り、小3の頃にはカレーライスでもハンバーグでも、肉や野菜を切ることから全て自分達で作ることができました。もちろん、はじめは、「包丁、大丈夫かな」と心配で、ドキドキ見ていました。子どもに教えるより自分でやった方が、はるかに早いし楽です。でも、そこを少し我慢して乗り越えれば、子ども達はどんどん自分でできるようになっていきます。生活力がついていきます。

もしかして、保護者が子どもの成長を止めている？

小5の算数・割合の授業で「仕入れ値ってなに？　定価ってなに？」と聞く生徒が、何人もいます。言葉の意味や仕入れ値に利益を足して定価になることを説明しないといけませんので、なかなか本論である「割合」までいきつけません。その話を保護者面談でするると「いや、小学生だけでなく、うちの新入社員もそんな感じですよ。流通の仕組みや原価計算、利益の話から説明しないといけない」とおっしゃったお父様がいました。社会人でもそうなのか、と本当にびっくりしました。

またある保護者の方に「遠足のおやつでもいいので、自分でお店に行ってお買い物をさせてくださいね。定価とか割引とか、全くわからないみたいなので」とお願いすると「我が家は大人になるまで、子ども達に一切買い物や家事はさせません」という答えが返ってきました。まあ、ご家庭の方針なら仕方がないし、口出しはできませんが、こちらが算数の授業をする上では、余計な時間がかかってしまいます。今はスマホ決済も多く、リアルな金銭のやり取りを目にする機会がますます減っています。「おつりって何?」と生徒に聞かれる日も遠くないでしょう。リアルな体験は、勉強の上でもとても貴重だと思うのですが、いかがでしょうか。

ルーティンにするのは、指導者次第

家庭の方針に口出しはできないので、私の教室では、学校のように係を決めています。ホワイトボード消し・机ふき・掃除機かけ・教材の出し入れなどです。学年ごとに、本人達が決めます。みな授業の後に、何も言わなくても仕事をしてから帰ります。

また、ペットボトル飲料を飲んだら、洗って、ラベルとキャップを外して、捨てるように指導しています。はじめは、洗い方やラベルの外し方を説明して目の前でやらせていましたが、今では皆、黙っていても自分でやります。はじめは教える方もやる方も少し面倒ですが、慣れてしまえば問題ありません。毎日のルーティンにしたら勉強が当たり前になる、と書きましたが、なんでも習慣だなあとしみじみ思うのです。

大人の背中を見て、子は育つ

「カエルの子はカエル」という諺があります。良くも悪くも色々な意味で、子どもは親に似てしまうものです。それを「遺伝子」のせいにしてしまうと、話はそこで終わってしまいます。どんな人に育っていくかは、子どもの成長過程における「環境」が、むしろ大きな影響を及ぼすのだろうと思います。

母と妹も本が好きだった

例えば我が家には本があふれています。文芸書ばかりでなく、漫画や参考書など様々な分野の本達です。私自身、小学生の頃から本、特に物語や小説が大好きでした。学校の図書館と市立図書館の両方から借りられる最大限の冊数である10冊を常時借りていて、いつも何かを読んでいた記憶があります。

母親も本が大好きな人でしたので、必然的に実家にも本がたくさんありました。子育てを通して自分自身が絵本の面白さに目覚め、絵本もどんどん増えていきました。

我が家の場合

長女は小学生の頃から、本が大好きでよく読んでいました。でも長男と次男は小学生の頃はサッカー少年団で活動するか、カードゲームやゲーム機で遊んでいることが多かったのです。漫画は好きでしたが、漫画以外の本をあまり読んでいた記憶がありません。ところが、高校生・大学生の頃には2人とも、なぜか時間があれば本を読むようになっていました。ですから子ども達とよく古本屋さんに行ったものです。

次男が大学の編入試験に向けて勉強していた頃、詩集を読んでいた彼に「お勧めの詩集は何？」と尋ねてみました。息子はどんな詩人が好きなのかな、という興味もありました。するると次男は、茨木のりこさんの「倚りかからず」と「中原中也詩集」をあげました。驚きました。今まで詩の話どころか、本や作家の話などしたことがなかったのに、それらは私の大好きな詩人の本だったからです。一緒に暮らしていると、口に出して言わなくても、なにかしら伝わるものがあるのかしら、とその時しみじみ思いました。「本を読みなさい」と子ども達に言ったことはありませんが、いつの間にか3人とも本を読むようになり、今ではそれぞれの部屋が本であふれているのは、本があるのが当たり前の環境で育ったからなのかなあと思っています。子どもの部屋に、太宰治・モーム・ドストエフスキーなど私が高校・大学生の頃に読んだのと同じ本が並んでいて、「へえー、いつ読んでたのかなあ」などと思うこともありました。

まず、保護者が本を読もう

このような経験から、子どもに本を読んでほしかったら、まずはご自身が新聞でも雑誌でもよいので、毎日当たり前に活字に触れて、本があるのが普通の生活を作るとよいと思います。例えば食後には大人がテレビを消して、静かな環境で活字に触れる。そんな暮らしの中で育つ子どもは、おのずと本を読むのが当たり前、になっていくのではないでしょうか。「親の背中を見て、子は育つ」といいます。「やりなさい」「本を読みなさい」という言葉ではなく、行動で見せることが大切なのだと感じています。

体と心の健康管理こそ、保護者の出番

心配でついつい、手や口を出してしまいがちですが、保護者に1番「手を出してほしいこと」は、心と体の健康管理です。

幼い子どもは、自分で体調管理をすることはできません。加減がわからない上に「いつもと違うな」と自分では気づかないので、ギリギリまで動いて突然バタッと熱を出します。幼いお子さんの保護者は、食欲や動きなどに気を付けてください。

そして成長するにつれて気にかけたいのが、体調だけでなく「心の健康」です。幼児の体調管理より、思春期の心のフォローのほうが難しいと思います。なんか悩んでいるよう

だけど、声をかけた方がよいのかそっとしておいた方がよいのか、またどう声を掛けたらよいのかと気をもみ、親としても悩ましいところです。私も子どもの精神状態が悪そうだと、「煩わしいと思われるだろうな」とわかっていても、心配でついついおせっかいを発動させてしまい、「面倒くさい」とよく言われます。子どもの心の健康については、私自身、今でも悩みながら向き合っています。

この「体の健康」と「心の健康」を保つために有効なのが、「生活習慣」と「食事」だと思います。我が家を例にしながらお話ししていきます。

生活パターンを固定する

大切なのは、まずは規則正しい生活習慣です。

我が家の場合、就寝時間や起床時間、ゲームをする時間とテレビを見る時間は学年に応じて決めていました。例えば平日は、ゲームとテレビを合わせて1時間半にする、22時までには寝る、などです。

私服だった保育園や小学校の頃は、寝る前に次の日に着る服を自分達で用意させ、たたんで枕元におかせていました。これにはいくつかの利点があります。まず、朝起きてすぐに着替えられることです。子どもにとっては、忙しい朝に何を着るか選ばなくてすみ、時間の短縮になります。保護者の方も「早く着替えなさい！」と声を荒げなくてすむでしょう。服を用意する↓寝る↓起きる↓着替えるという一連の流れがスムーズにいくと、１日を気分よく始めることができます。

他には、理科の天気分野の理解につながる可能性もある、ということです。翌日の服を用意するために、一緒に天気や温度の確認を毎日することで、お子さんが天気に関心をもつようになるかもしれません。

関心を持つことは、知ることへの第一歩です。中学理科で天気の分野が苦手な生徒さんが多いのですが、幼い頃から天気図に親しむことは、天気分野の理解にとても有効な手段だと思います。

規則正しい生活習慣をつけるためには、まずは保護者が規則正しい生活を送り、その姿を子どもに見せると良いと思います。「百聞は一見にしかず」です。たくさんのことを口で言うより、実際にやっている姿を見せる方が、はるかに効き目があると思います。ですから参考として、我が家の１日の流れを、保護者である私を中心にお話ししたいと思います。

我が家の場合

子育てをしていた頃の私の1日の流れは、だいたい次のようでした。

・6時半過ぎに起床。朝食とお弁当を作ります。娘は小3からお弁当でした。子ども達は7時前後に起床、朝食を食べ、8時前に登校します。

・子ども達が朝食を食べ終わったら、洗濯機を回しながら夕食を作り始め、10時頃までに掃除・洗濯・夕食つくりを終えます。

・用意した夕食から、自分の分はお弁当箱に、子ども用は1人分ずつに分けて、冷蔵庫へ。この時、お弁当用に少しずつおかずをとっておき、小さいタッパーに入れ、ふたに日付と中身を書いたシールを貼って冷凍庫へ入れます。夕食と翌日のお弁当が同じおかずだと飽きてしまうので、1週間くらいしてからお弁当に使うのです。タッパーに入ったおかずは、お弁当作りの手間と時間をぐんと短縮してくれます。

・11時頃までに、朝食兼昼食を食べて、教室に行きます。私は塾の仕事の全てを1人でまわしています。授業の準備や経理、営業、掃除、事務作業、保護者対応などやることは山ほどあります。

・15時頃から22時近くまでは授業です。授業の後、片付けや翌日の準備をして、帰宅するのは23時前後です。自分の食べた食器は子どもが自分で洗っていますし、洗濯物も自分で片付けていますので、帰宅後の家事はあまりありませんでした。

春期・夏期・冬期講習の期間は、朝8時頃から夜22時頃まで、ずっと授業があります。その時は一切の家事を子ども達がやってくれました。講習中は、子ども達が学校が休みですから。

こんなふうに、長男が東京へ行ってからの9年間は、お互いができる時にできることをして、3人で助け合いながら過ごしていました。起床・就寝時間や食事の時間がだいたい決まっているという規則正しい生活は、健康管理の基本です。我が家は保育園通いでしたので、幼い頃から決まった時間に寝て起きる習慣はついていたように思います。ですが、保育園に通ってなくても、幼いうちから規則正しい生活とバランスのとれた食事を心がけることが、親がすべき最も大切なことかと思います。続けて食事についてお話ししたいと思います。

1日30品目が定番

健康管理のために重要なのが、食事です。体は食べたものでできているからです。ですから、栄養バランスを考えて、できるだけ手作りを心がけました。とはいえ、日常的に多忙でしたので、ダシは無添加のだしパックを使うなど手を抜くところは抜き、一方で味噌や梅酒は趣味もかねて手作りするなど、楽しみながらやっていました。

例えば、長男を妊娠していた頃は、「回転食」と名付け、牛肉・豚肉・鶏肉を順番に食べるようにしていました。同じ食材ばかり使わないように気を付け、低カロリー高蛋白質メニューを心がけていました。また、メニューと使った食材を毎日ノートに書き出し、1日30品目を目標に調理しました。ついつい献立が偏ってしまい「母さんは気に入ったメニューがあると、そればかり作る」と子どもから言われたこともありましたので。「毎日30品目以上」のご飯作りは、子ども達が巣立った今になって思うと、素晴らしい時間でした。「子どもに喜んでもらおう」と思って作るのは楽しいし、何より自分もしっかり栄養を摂れました。

誰もがプレッシャーと闘っている

生活習慣が整っても不安は誰もがあります。まずは、生徒さんの事例です。

中学での成績もよく力も十分にあり、私が「絶対、金沢大学附属高校に合格するだろう」と安心して指導していた女子生徒のAさんとBさん。

Aさんは運動部の頼れる部長で、はきはきとした明るい子です。表面的には元気いっぱいで、受験に対しても不安があるようには見えませんでした。ですが、受験前におうちで何度も突然泣き出すなど、情緒不安定だったそうです。一方Bさんは、いつも冷静なしっかり者。淡々と着実に勉強をこなしていて、なんの心配もあるようには見えませんでした。ですが、入試前の数カ月間、生理が止まっていたそうなのです。冷静に見えても、実は受験が心配で、生理が止まるほどストレスを感じていたのです。

結果は2人とも、第1志望の金沢大学附属高校へ合格しました。普段から成績もよく、さらに十分な努力もしていて、合格間違いなしと思うような人ですら、このように不安になるものなのです。

次男の苦難

次は我が家の例です。生徒だけでなく、わが子達も、同じように不安を抱えてきました。まず次男。彼は中2から、国の難病に指定されている潰瘍性大腸炎を患っていますが、入試本番前の数カ月間は、強いストレスのため、症状が悪化して調子がずっと悪くて大変でした。お腹は痛いし下痢は続くけれど、薬は効かないのです。食事は消化の良いおかゆ・白身魚の煮つけ・湯豆腐などにするのですが、淡白な味ですから続くと飽きてしまいます。ですから胃腸に刺激が少なく栄養もとれるようなメニューを、ネットで調べては作りました。「小麦粉がダメかも」と言われればグルテンフリーにつとめ、「リンゴはダメでキウイがいい」と言われればキウイを買い、買い物の時には糖質や脂質をチェックして購入していました。

東大の編入試験は、物理が1時間半、数学は2時間半です。試験時間が長いので、本番といえども、いつトイレに行きたくなるかわかりません。でも、入試は時間との闘いです。トイレに行くその時間が惜しいのです。東大入試は処理能力の高さが必要とされます。入試の最中にトイレに行くわけにはいきません。

彼は苦肉の策で、受験の時、大人用の紙おむつを用意して東京へ行きました。入試1カ月前くらいから、私は「合格できますように」ではなく、ただただ、「お腹が痛くてトイレに行かなくてすむように、今までの努力が全て出し切れますように」と、そのことだけを祈っていました。

幸い、試験中にはトイレも行かずに済み、無事合格することができました。

長女も苦しんだ

次に長女です。先ほどお話ししました女子生徒と同じく、受験期はメンタルの浮き沈みが激しく、特に生理前は情緒が不安定になり、よく泣いていました。女の子は生理前後にホルモンバランスを崩すことも多く、連動して気持ちが上がり下がりしますので、メンタル面のケアが重要になってきます。

長女の場合、生理痛も酷く、生理前後はほとんど勉強ができなくなりました。また、高校生の時は部活動や学校行事などの人間関係などに振り回されることも多く、勉強に集中できなくてムラがあり、「毎日コツコツ」とはいきませんでした。はたで見ていて、心配が尽きませんでした。

東大に落ちて浪人するとなった時、私と長女の2人で浪人生活を送るのは、お互いにメンタルがもたないのではないかと心配しましたが、その心配は無用でした。長女は不合格になったことで、つきものが落ちたように淡々と勉強に取り組めるようになったのです。浪人時代は、勉強以外のことに煩わされることなく、毎日決まった時間に予備校へ行き、受験勉強だけをして、決まった時間に帰宅し、寝る。というルーティンをこなせばよかったので、精神的に落ち着いていられたそうです。鬼門の生理は、婦人科でピルを処方していただき、周期をコントロールして入試を避けました。おかげで、2回目の入試は、親子とも落ち着いた気持ちで臨むことができました。

受験を山に例えたら、誰しも一足飛びで頂上には行けません。一歩一歩、自分の足で登っていくしかないのです。「天才」だからできるのではなく、どんな人も見えないところでたゆまぬ努力をし、苦労もあるのです。まずは、そのことを認識していただけたら、と思います。

保護者も苦しむ

さらに、保護者の方にお伝えしたいことがあります。それは「小さなことに一喜一憂しないで、おおらかな気持ちで見守ってください」ということです。お子さんのテストの結果が悪かった、お子さんが不安で泣いている。そんな時、保護者の方も、心配になりますよね。相談を受けると、保護者の方にはこうお伝えしています。「一緒になって、オロオロしないでくださいね。不安な気持ちは私にいくらでも話してください。でも、お子さんの前ではどーんと構えてください。ふりでもよいですから。お母さんが心配するとその不安が伝わってしまい、ご本人がますます不安になってしまいますからね」と。

私自身も長女がうまくいっていないときに不安になりましたし、相談する相手もいませんでした。そんな私の不安な気持ちが長女にも伝わってしまい、ますます追い詰めてしまいました。ですから保護者の方には、「私に話してください」とお伝えするのです。誰かに話すだけでも、聞いてもらうだけでも、気持ちは楽になりますからね。

私の大失敗からの提唱

子育てで、最も大きな失敗は、「子どもは、どんなに幼くて危なっかしく見えても1人の人格があり、個人として尊重しなければならない」、ということを何度も忘れてしまったこ

とです。

①地方という特異性

初めての妊娠中、強く自分に言い聞かせていたことがありました。それは「この子は私のお腹にいるけれど、私とは違う別の人間なのだ。〝私個人の子ども〟ではない。〝社会の子ども〟が、私のお腹を借りて生まれてくるのだ。どんなに小さくても、人格をもった独立した人間としてつきあおう」と。

そう考えるようになったのは、自分の生い立ちが深く影響していると思います。私は子どもの頃、「跡取り娘」として、かなり厳しく育てられました。「家の跡取り」なんていう感覚は、今の人にはわからないでしょうね。母は田舎の本家の跡取り娘で、父は婿養子でした。今の若い人には信じがたいでしょうが、当時の祖父母や母は、個人の意思や気持ちより、「家」を継いで守っていくことを大事にするような価値観を持っていました。昭和40年代の話ですが、母の実家が田舎だったためか、「家父長制」が重んじられた明治時代のようでした。

②女は「数字」

私は3姉妹の長女ですが、幼い頃親戚からは、名前ではなく「数字」で呼ばれていました。「出生順」のことです。「おまえ、何番目や?」「1番目か」と言う具合です。

そして、「なんや、女ばっかりか」と、何度言われたことか。これも今の時代ではありえないことですが、「女姉妹しかいない」ことを、親戚中からさんざんそしられたのです。家の跡継ぎである男子こそが大事で、女など不要だ、と言うことです。

このような環境でまるで自分達は家を継ぐための道具のように扱われていると感じていました。ですから、「自分はわが子にそうしたくない」と強く思い、「おなかの赤ちゃんは、どんなに小さくても人格を持った個人なのだ」と自分に言い聞かせていたのです。それなのに、数え切れないくらいの失敗をしました。

具体的に一人ひとりについてお話ししていきます。

長男への失敗

双角子宮だったこともあり（双角子宮だとわかったのは、3人目の妊娠の時ですが）2

日近くかかった難産の末に、長男が生まれました。産後は、夜も昼もない3時間ごとの授乳やおむつ替え、自分の時間は全くない子育ての毎日。かなり大変な出産だったことや母乳のみだったこと、さらにもともと大の子ども好きだったことなどから、目の前のかわいい小さい赤ちゃんが愛おしすぎて、ついうっかり、自分の分身のように思えてしまうのです。妊娠中「生まれてくる赤ちゃんは、人格のある別の人間」だと、あれほど自分に言い聞かせていたにもかかわらず、です。

親バカですが、長男は眼のパッチリしたかわいらしい顔立ちの赤ちゃんでした。「かわいい赤ちゃんだねー」「CMに出たらいいのに」などのまわりの声に調子にのってしまい、赤ちゃんタレント事務所に応募、オーデイションに受かり所属しました。テレビ局や出版社でのオーデイションでも、「器量よしだね」と言われ、テレビドラマやCM、赤ちゃん雑誌などの仕事を数年していました。当時は松本に住んでいましたので、東京まで特急「あずさ」で通ったものです。

3歳くらいになると、ダンスや歌のレッスンが始まりました。長男は、歌ったり踊ったりすることが好きではなかったので、それは辛いもので、いやいやながら1年ほど通ったでしょうか。ある時、半泣きで踊りのレッスンを受けている姿を見て「そんなに嫌だったんだ。こんなに辛そうなのに、これ以上大変な思いをして東京まで通うことはない」と強く反省し、事務所も東京通いもやめました。

本人の意思や思いを尊重せずに、私の勝手な思いでレッスンを受けさせたことを、とても申し訳なかったと思っています。2、3歳ともなれば、本人の気持ちや意思は十分にあるのに、それを尊重しなかったのです。人前で歌ったり、演技したりすることが嫌いだった長男は、小1のクラス合唱の時、観客から見えない後ろで隠れるように半泣きで歌っていました。それを見た時も「幼少期のダンスや歌は、さぞ苦痛だっただろう」と、猛烈に反省しました。

次男への失敗

次男が小学校高学年の時、仲間から「パシリのような存在」として扱われ、状況や環境を変えたいと思って附属中学を受験したのではないか、とお話ししました。

中学受験直前の2カ月くらいは、平日は学校から帰って寝るまで毎日6時間、土日は食事の時間以外ほぼ丸1日勉強、という小学生とは思えない集中力を発揮していました。ですが、勉強を本気で始めたのが小6の秋以降だったので、準備期間が足りず不合格。失意の中、金沢市立の中学に入学してからは、友達とゲームにあけくれる毎日で、勉強はほとんどしなくなりました。「高校を卒業したら働くから実業高校へ行く」と言うので、私は「働くのなら、就職率のいい国立高専がいいんじゃない？　高専なら大学に行きたくなったら、その選択肢もあるし」と、高専をかなり強く勧めてしまったのです。長年学習塾を経営し、毎年受験生を指導しているため、なまじ石川県の受験について知識や経験があったのもいけなかったと思います。「勉強は好きではないようだし、理系のようだし、進学校で勉強するのは向いていないだろう」と、勝手に決めつけてしまったのです。

もちろん、受験までには何度も「高専だと、小学生の時に行きたがっていた医学部には行けないよ。大学へ進むとしても、工学部と決まってしまうよ」と伝えました。普通高校でなくてよいのかも何度も確認しました。でも「今更変えられないし、高専へ行く」と彼は答えていました。

次男の高専進学は、本人の希望や意思ではなく、私の計らいというか誘導によるものが大きく、この件に関しては高専入学後から現在に至るまで、ずっと激しく後悔しています。「子どもの進路のレールを親が敷くべきではない」と、長男の妊娠中から思っていたはずなのに、次男の進路のレールを敷いてしまったのです。本当にダメな親だと思っています。

進学に関してだけではありません。次男は幼い頃から、大変手がかかり「うるさわぎ」（うるさい＋騒ぐ、の意味で次男の造語です）の毎日でした。長男と長女が、いわゆる「優等生」で、全く手がかからなかったため、次男のやんちゃぶりが目についてしまったのだろうと思います。なんとかしゃんとさせようと、ボーイスカウトに入れたり素囃子教室に入れたり。全て本人が望まないものを、ほぼ強制的にやらせてしまいました。「母さんの勧めるものは、ロクなものはない」と、今でも次男に言われます。もっともです、本人の意にそぐわないことばかり、やらせてきたのですから。

さらに私は、「目標が決まったらそれに向かってものすごい集中力で邁進することができる」という次男の特徴を、こともあろうに忘れてしまっていたのです。附属中学受験の前にあれだけの頑張りを見せたのに。この頑張りは、後に東大編入試験に向けて再び発揮されることになりましたが、中学の時には忘れてしまっていたのです。

自分が決めたことや好きなことには、怖いくらいにストイックに集中してきた次男ですので、目標が定まればやり遂げる人だということを、これからはどんな状況の時も忘れないで彼を信じていこうと、過去の失敗を通して今は固く自分に誓っています。

長女への失敗

2年間怪しいと思い続けていて、関係がぎくしゃくしていた元夫の女性問題が明らかになった頃、長女の妊娠がわかりました。「え、なぜ、こんな時に妊娠？」と思い、素直に喜ぶことができませんでした。ですが、子どもが大好きな私に、堕胎するという選択肢はありませんでした。

当時私は7歳の長男と1歳の次男を育てながら、自宅を開放して、夫と学習塾を経営していました。その頃は高校・大学受験の生徒はもちろん、不登校のお子さんやハンデイキャップのあるお子さんも預かっていました。朝から晩まで誰かしら生徒が、教室である自宅にいました。また春は山菜取り・夏はキャンプ・秋はキノコ採り・冬はスキーとイベントも多く、1日中そして1年中、生徒達と過ごしていたのです。

生活=仕事のような毎日、それに2人の育児。そんな多忙で大変な中でも、何とか時間を捻出し、口実をつけては「彼女」に会いに行こうとする元夫との間で口論が絶えず、毎日泣き暮らしながらの妊娠期間でした。「この子がお腹にいなければ、2人の子を連れて家を出るのに」と、何度も思いました。そのたびに「祝福されずに生まれてくるなんて、かわいそうすぎる。妊娠していなければ、なんて思ってはダメだ」と思い、お腹の子に「ごめんね、ごめんね」と謝り続ける毎日でした。

お腹の子が「女の子」だとわかってからは、彼女は私の支えであり最大の味方となりました。お腹の中にいる時から、「この子だけは私の気持ちをわかってくれている」と、長女のことを自分の分身のように感じてしまうようになっていったのです。

出産の時も産後も、生き地獄のような日々でした。立ち合い出産でしたが、陣痛で苦しむ私のそばで「彼女」に電話する元夫。「彼女に会わせないために、出産をコントロールしている」とまで言われました。出産をコントロールできる女性などいるのでしょうか。私にも生まれてくる赤ちゃんにも全く興味のない元夫の代わりに、長女のへその緒を切ったのは、７歳の長男でした。長女出産の時から、すでに下２人の「父親代わり」だったような気がします。

普通は太る産後に36キロまで痩せ、食べ物はのどを通らずカロリーメイトや点滴で過ごしボロ雑巾のようでした。泣いて泣いて顔を洗って授業して、また泣いて泣いて。一緒に泣いている新生児の長女は、私にとって「唯一私の気持ちをわかってくれる」存在に思えました。長女がかわいくてかわいくて、「別の人格」をもった存在どころではありません。完全に自分の分身のように、いえ、長女＝自分のように思ってしまったのです。

長女が成長して自分の分身のように感じてしまっているので、彼女の気持ち＝自分の気持ちのように受け取ってしまうのです。例えば、受験期に長女が焦ると一緒になって焦りましたし、何かのきっかけで落ち込むと私も一緒に落ち込んでいました。それだけならいいのです、私の気持ちですから。なぜ失敗だったかと言うと、その私の不安や焦りが長女に伝わり、ただでさえ普通の子より繊細な性格の長女の精神状態をさらに悪くさせてしまう悪循環にハマらせてしまったからです。

私と同じ失敗をしないで

今では、親は細かいことにいちいち一喜一憂しないで、おおらかに見守っているのが1番だと思っています。自分と学習塾での経験から、ハッキリ言うことができます。

ですが当時の私は、子どもの意思を尊重することができず、子どもの特性を認めて伸ばしてあげることもできませんでした。間違った方向に導いてしまったことさえありました。一緒になって落ちこみ、その気持ちが子どもに伝わり、さらに子どもを追い詰めてしまう、というダメな親の典型でした。

私自身ができなかったからこそ、子どもに人格があること、子どもの人生と自分の人生は別のものであるということをわかっていただきたいと強く思います。

自律が東大への第一歩

保護者の言動は、子どもに大きな影響を与えます。ですから私も、言ってしまった言葉やとってしまった行動に対して、山のような後悔ばかりです。もっと子どもを信じて、おおらかな気持ちで見守ってこればよかったと思うことがたくさんあります。

だからこそ、今子育て中の保護者の方には、「子どもは自分とは別の人格をもった個人であることをいつも頭の片隅においていただけたら」と願うのです。

お子さんの自律こそが、東大合格への第一歩になると信じています。

おわりに

お読みくださってありがとうございます。

「シングルだから」「お金がないから」「地方だから」と、進学をあきらめかけている方達に、この本が少しでも参考や助けになったら、本当に嬉しいです。

我が家はネガティブ要素だらけの中で、子ども3人ともが東大に進学しましたので、そのコツを教えて欲しいと多くの方に言っていただきました。私の経験が、東大を目指している方や東大に興味がある方の、少しでもお役にたてばと思い書き始めました。

ですが、実際書いてみると、なかなか思うように筆が進まなかったり、伝えたいことがうまくまとまらなかったり、苦労の連続でした。

初めての執筆でわからないことだらけの私を、叱咤激励しながら形にしてくださった株式会社STAR CREATIONS代表取締役の伊集院尚さん、伊集院さんを紹介してくださった友人の染谷光美さん、本書の上梓にご尽力いただいた自由国民社取締役編集局長の竹内尚志さん、ヒントをくれた生徒の皆さん、そして行き詰まった時に様々なアドバイスをくれた3人の子ども達。多くの方々のご協力で、なんとか思いが形になりました。心から感謝申し上げます。

お子さんが東大進学をめざしておられる方だけでなく、今、子育て真っ最中の方は、悩みや心配が尽きず、ご苦労されていらっしゃると思います。ですが、子どもとの時間はあっという間に過ぎていきます。振り返ると、子ども達と暮らしていた日常は本当に幸せな時間だったなあ、と思います。

特別ではないその日常の中に、実は学力をつける機会があり、その日々の積み重ねこそが東大合格をも可能にする、ことがおわかりいただけたでしょうか。「小さなことの積み重ねが、とんでもないところへ連れていってくれる唯一の方法」と、イチロー選手も言っています。日常の過ごし方こそが大切です。

どうぞお子さんとの時間を一緒に楽しんでください。

一生懸命してあげているつもりでしたが、実はこちらが子ども達からたくさんの贈り物をもらっていたのだなあと、しみじみ思います。

子育て中の今は悩みも多いかもしれませんが、同時にご自身にとって素晴らしい時間でもあります。その日々の積み重ねが、お子さんにとってもご自身にとっても、大きな成果になることは間違いありません。

ぜひ、勇気と希望を持って将来を切り開いていってくださったら、と願っています。

高木 美保（たかぎ みほ）

岐阜県生まれ。住んでいたのは街中だが、母が田舎の「本家」跡取りで自身も跡取り娘として育てられる。「女のくせに」という男尊女卑感覚に辟易し、また両親が不仲で幼い頃から苦労したため、家を出たい一心で「海が近く城内にある金沢大学」を目指す。卒業後は大阪の広告・出版社、河合塾のチューター、高山の飛騨養護学校教諭（現特殊教育学校）を経て結婚。夫と松本の自宅で学習塾を営みながら、3人の子を助産院で立ち合いにて自然分娩。数年浮気が続いた夫に「家族を捨てても彼女と別れない」と言われ、泣く泣く8歳・2歳・0歳の子を連れて金沢へ。小学校講師をしている時、縁あって大学時代の先輩と再婚。2人で塾を経営するが、夫と子ども達の折り合いが悪く、離婚。その後、1人で学習塾「スクールオーク」を立ち上げ、「お金ナシ、シングルマザー、地方在住」の「3ナシ状態」で子どもを育て、3人とも東大に入れる。

東京大学《とうきょうだいがく》に3人《さんにん》の子《こ》どもを入《い》れた
強《つよ》い脳《のう》をつくる育《そだ》て方《かた》

二〇二三年（令和五年）十二月十九日　初版第一刷発行

著　者　高木 美保
発行者　石井 悟
発行所　株式会社自由国民社
東京都豊島区高田三―一〇―一一　〒一七一―〇〇三三
電話〇三―六二三三―〇七八一（代表）
造　本　ＪＫ
印刷所　横山印刷株式会社
製本所　新風製本株式会社

Special Thanks to:

企画・編集協力
伊集院 尚（株式会社STAR CREATIONS）

イラストレーション
にいどゆう
株式会社ラポール
イラストレージェント事業部